男孩父母应掌握的正面管教秘诀

晓丹 ◎ 著

# 培养优秀男孩

精华版

商务印书馆国际有限公司

图书在版编目（CIP）数据

培养优秀男孩：精华版 / 晓丹著 . -- 北京：商务印书馆国际有限公司，2020.1

ISBN 978-7-5176-0714-4

Ⅰ . ①培… Ⅱ . ①晓… Ⅲ . ①男性—家庭教育 Ⅳ . ① G78

中国版本图书馆 CIP 数据核字（2019）第 217138 号

培养优秀男孩（精华版）

作　　者　晓　丹

责任编辑　李东晓

出版发行　商务印书馆国际有限公司

地　　址　北京市东城区史家胡同甲 24 号　邮编 100010

电　　话　010-65592876（总编室）

　　　　　010-65227580（编辑部）

　　　　　010-65598498（市场营销部）

网　　址　www.cpi1993.com

印　　刷　三河市紫恒印装有限公司

开　　本　880mm × 1230mm　1/32

字　　数　185 千字

印　　张　7.5

版　　次　2020 年 1 月第 1 版　2020 年 1 月第 1 次印刷

书　　号　ISBN 978-7-5176-0714-4

定　　价　28.00 元

# P序言 reface

在国外，有一则古老的童谣这样说："小女孩是由糖、香料及一切美好的东西做成的，而小男孩是由剪刀、蜗牛和宠物小狗的尾巴做成的。"此话不假,有过教育男孩经验的父母都知道,相比养育乖巧、懂事的女孩，养育一个男孩的难度要大许多。这些小家伙几乎每天都让人不得安宁，父母往往需要付出比教育女孩更多的精力。

其实，这与男孩体内存在大量的睾丸素相关。从襁褓期开始，男孩的体内就有远远多于女孩的睾丸素分泌，因此，他们需要一些大胆、疯狂、危险的行为去释放自己的能量，如斗殴、争吵、自吹、出风头等。当然，任何事情都有双面性。睾丸素带给男孩不安定的个性，同时也让男孩拥有很多优秀的品质：

他们精力充沛，始终斗志昂扬；

他们敢于突破现状，干劲十足；

他们喜欢打抱不平，富有强烈的正义感；

他们的大脑充满奇思妙想，总是喜欢探索；

他们性格坚强，从头到脚都透着一股不服输的精神；

…………

只要男孩父母们能够正确引导，就可以让睾丸素发挥出正面效应，将男孩的"劣性"转换为一种优势，那么，每个小男孩都会成为一个卓尔不凡的男子汉。

本书根据男孩的性别及心理特征，依据现在的社会状况，从不同角度出发，为家长们提供了一套行之有效的家教方案。概括说来，本书具有以下四大特色：

**特色一：追本溯源，男孩到底该怎么培养才是对的**

望子成龙是普天之下所有男孩父母的心愿。遗憾的是，就一些父母而言，这种心愿却很难实现。究其原因，原来是父母们错误的教养方式所致，如为男孩设立的目标和标准很高，甚至不近情理，但不允许男孩反抗。

不科学的教养方式必然导致男孩身上出现一些不理想的行为表现，这些行为表现又会刺激父母继续使用一些变本加厉的错误的教养方式，而这些错误的教养方式进一步让男孩自暴自弃。于是，男孩开始出现一些行为特点，它们与前面我们描绘的那些行为特点相比，更为严重，更加恶劣！

本书以众多教育事例为切入点，紧紧围绕男孩的生理、心理特征以及科学的教育方式展开，针对男孩个性培养、能力培养、财商、情商、生活、学习以及青春期等多个方面，全面揭示了男孩从孩童向男人转变过程中面临的诸多问题，为家长们提供了许多富有针对性的教育指导。

同时，我们还针对每一小节内容，参考了国内外教育专家们的指导意见，总结出家庭教育的精华，为家长带来最为切实、权威、可行的家教理念和教育方法，从而指引家长把男孩培养成优秀的男子汉。

**特色二：全面解读性别教育，给予父母最正确的引导**

现在有越来越多的男孩说话细声细语，动作扭扭捏捏。为什么会导致这一现象出现？从本质上看，这是男孩的性别感错位，而父母对男孩性别教育的缺失则是造成男孩性别感错位最主要的原因之一，长此以往，带给男孩的将是心灵的扭曲和伤害。

什么是性别教育？就同一种教育方法，对待男孩和女孩所采用的态度和方式是不同的。举一个简单的例子，例如你遇到孩子胆小的问题，对待女孩最好用鼓励法，用春风化雨般的抚慰和鼓励，让其更加勇敢；而对待胆小的男孩，最好采用激将法，用刺激性的言语激起男孩天生不服输的精神，男孩才会拥有过人的勇气。

因此，作为男孩家长，应积极思考有效的性别教育方式，对男孩进行正确的性别教育，给他们以正确的引导。

本书的家教理念和教育方法是完全符合男孩的心理特征及成长规律的。

**特色三：注重对男孩的“心理抚养”**

有一位男孩母亲，对儿子要求一向很严，可她从不了解男孩的心理压力有多大，只是知道孩子从小就很听话，学习也很好。让她万万没有想到的是，男孩上高中后不堪重负，选择了自杀。

不少父母认为，只要男孩学习成绩好、身体健康，其他的都是次要的。他们无暇顾及男孩在成长过程中的心理体验和心理感受，更不要说仔细地观察其心理问题。

看到这里，你可能会说：“小男孩一个，会有什么心理问题？他现在条件多好，不愁吃不愁穿的。”可事实证明，我们的小男孩在成长过程中会遇到很多烦恼：

“我已经很努力了，可我的学习成绩还是没有进步，我真的灰心了！”

“我的爸妈经常吵架，我很害怕！我怕他们哪天不要我了。”

“为什么我要上那么多辅导班？累死我了！”

…………

男孩们毕竟还小，他们没有较高的情商，不懂得如何自我调节、自我解脱，不懂得如何适应竞争性的社会，若父母们不注重对他们的心理教育，那么男孩就很容易做出打架、骂人、说谎、考试舞弊、逃学等傻事来，严重的还会出现自伤或伤人等现象。

因此，作为男孩“第一任教师”的父母，你一定要明白，教育孩子、改变孩子的行为习惯，就要从改变孩子的内心开始！

在本书中，你可以找到男孩在成长过程中的心理特征及规律，从微不足道的小事到力不从心的大事，从学习、交友到家庭生活，涵盖了男孩各式各样的心理症结。同时，我们结合了儿童心理问题专家、行为习惯问题专家、青少年学习问题专家等多名专家的教育理念，针对男孩的各类心理问题给出了权威的指导方案。

通过阅读，家长们可以轻松地走进男孩的心灵世界，更加深入地了解他们的心理状态，从而有效地解决他们的成长烦恼，提升他们的心理素质，对他们进行科学的引导与培养。

**特色四：家教一本通，涵盖教育男孩所有关键的细节问题**

男孩的幸福不可能从天而降，也不可能由一个或几个教育理念换来，真正的幸福只能来自于父母点点滴滴的努力以及父母对无数个教育细节的关注。若我们只明白了一些教育的原则和方法，却没有努力落实于细处，那么依旧无法取得满意的成效。

本书正是从细节入手，内容非常全面，涵盖了男孩的心理、学习、生活、品质、人格、能力等多个方面，详细地为家长介绍了教育男孩的细节问题。

最后，想告诉各位父母，培育男孩是一个长期的过程，实际上也是父母重新认识自己、塑造自己的过程，不是一朝一夕就能完成的。父母们一定要有信心，要相信自己，也要相信自己的男孩。

**衷心希望普天下的男孩家长，都能为你的男孩创造一个灿烂的未来，将他培养成优秀的男子汉！**

# 目录 Contents

## 第一章 教育男孩，一定要抓住男孩的成长特点



## 第二章 培养男孩，父母应扮演好各自的教育角色

## 第三章　品格塑造，让男孩从小堂堂正正做人



## 第四章　能力培养，教出了不起的男子汉

## 第五章　财商教育，给男孩富足的未来



## 第六章　读懂男孩的心，陪他走过青春期

## 第七章 怎么说男孩才会听，怎么听男孩才会说

第一章

# 教育男孩，一定要抓住男孩的成长特点

男孩的世界究竟是什么样的呢?

他们与女孩不同，需要父母给予更多的耐心；

他们天不怕地不怕，总是给父母惹祸，却仅仅是想证明自己是一个男子汉；

他们都想成为英雄，天生富有正义感；

他们在意别人对自己的评价，想成为领导者；

他们的脑袋里总是装着“十万个为什么”，有着问不完的问题；

他们外表坚强，但内心脆弱，更需要家长的特殊关心；

…………

每一个男孩都是一张白纸，他们充满着无限的可能，父母只有真正走入他们的世界，才能发现他们原来是多么的可爱、优秀，才能真正地引导他们更好地描绘自己的人生!

# 第 1 招

## "我才不怕呢！"

### ——男孩天生富有冒险精神

日常生活中，人们总是这样形容男孩子：小淘气、皮猴子、傻小子……的确，大多数男孩自从学会走路开始就不断地制造麻烦。家中有男孩的父母不难发现，教育男孩远比教育女孩要难得多：他们喜欢爬上爬下，就算因此而受伤或者被家长责骂，也不会就此停下来；他们喜欢搞破坏，会把屋子弄得乱糟糟还无辜地说自己没犯错；他们会因为一点不起眼的小事儿就和邻居家的小朋友打架，会为了你根本想不到的理由去冒险，让自己或者别人受伤，而家长只能跟在他们的屁股后面收拾残局……

下面是一位家长的感受：

我有一对双胞胎儿子，这两个儿子，每天都不让人安宁。小的时候，他们喜欢爬到家具上，再从家具上跳到床上，家里的花瓶不知道被他们打坏了多少个；大了一点，他们就去小区的花园里爬树、去山地里骑自行车比赛。有一次，他们俩去山地和其他小朋友比赛，一个把腿摔断了，一个擦伤了胳膊，在家休息了一个月才去上学，可把我担心得够呛。

面对这样的男孩，家长们既生气又无奈。于是，不少男孩的父母便会心生这样的感慨：为什么男孩、女孩同为小孩子，但男孩却如此难管教呢？

## 给男孩父母的建议

了解到了男孩这种天性——喜欢冒险，父母们肯定会对自己的儿子有一个全新的认识。那么，在今后的日子中，父母应该怎样对待儿子的种种夸张且令人胆战心惊的行为呢？以下几点方法仅供父母借鉴。

**方法一：让你的男孩自己动手去实践**

父母都应该知道，爱动、好冒险是男孩的天性，他们需要广阔的空间和自由的行动。当你的宝贝儿子又在“虐待”他的玩具或“修理”家里的小件电器时，你不应该阻止他，甚至责骂他，而要在不干涉他的前提下尽量保护他的安全，并且相信他的能力。

下面是一位母亲的做法：

陈翰今年6岁了，他对电非常感兴趣。一天，他拿着一根小铁丝跑到电视旁边的插线板前想要用铁丝去接插线板的小孔，在一旁的妈妈看到儿子的行为非常危险，但她没有马上呵斥自己的儿子停下，而是走过去蹲在儿子旁边，在儿子要插入铁丝的时候，问道：“你在玩什么啊？”

儿子听到妈妈的话，把手缩了回来说：“我想要看看电是什么。”

妈妈看着儿子，说：“那你这样做是绝对看不到的，来，过来，妈妈带你去看什么是电。”儿子站起身来跟着妈妈来到房间，妈妈在抽屉里找到了一节五号电池和一个迷你手电的小灯泡，拿过儿子手上的铁丝，接上电池的两端，然后再用铁丝去触碰小灯泡，灯泡一下子就亮了。儿子看着妈妈做的实验，拍手称好。

这时，妈妈才认真地对儿子说：“儿子，知道吗，这个五号电池的电足可以点亮这个小灯泡。你刚才的行为是非常危险的，因为那个插线板的插孔内的电足足有几百个电池的电量，甚至比这还要多，你要是用铁丝去接了电，就会被电伤，很多小朋友都是因为不知道那里有电，而把手都电畸形了，你说多可怕啊！”

“那为什么平时用手碰电线没事儿呢？”孩子歪着小脑袋问。

“儿子，你这个问题问得真棒。妈妈问你，电线的外皮是用什么材料做的？”

“塑料呀。”

“对呀，塑料能够包住电，因为塑料是绝缘体，所谓绝缘体就是不导电的，而你的小铁丝是导电的，不信我们来做个实验。”说着妈妈又把连接灯泡和电池的小铁丝换成了塑料线，结果灯泡不亮。儿子看着妈妈前后两次实验，点点头说：“妈妈，我明白了，以后我再也不会拿铁丝去接电了，而且我还要告诉我们班上的同学，平时电线不电人是因为电线外壳的塑料是绝缘体，对吧，妈妈？”

“对，我儿子真聪明。”

估计生活中超过半数的父母在看到孩子的这种行为时，都会大喊一声勒令男孩停下来，并且呵斥孩子一顿。而上面事例中的家长既满足了孩子的好奇心，又带孩子通过做实验了解了电的可怕性，这样，孩子不但不会再做用铁丝试电的事情，而且在任何情况下都会对电表现出谨慎。

**方法二：让男孩去尝试他想做的事情**

妈妈带泉泉去逛商场，在儿童区，泉泉看上了一款变形金刚，可根本不适合泉泉的年纪玩：首先，金属的外壳就极易碰伤泉泉；其次，变形金刚的好多关节都是弹簧扣的，泉泉的力气根本掰不动。妈妈告诉泉泉，这个变形金刚是大人玩的模型，不适合他，可是泉泉说什么都不走，非要那个变形金刚。妈妈见此情况就和导购商量，让泉泉自己去看看那个变形金刚，导购同意了。泉泉高兴地抱起变形金刚，在一边摆弄了半天也没有变出一个形状。正如妈妈所料的一样，泉泉根本就掰不动，不仅如此，在玩的过程中，泉泉的手指还不小心被夹了一下。妈妈走过来问泉泉还要买吗，泉泉马上摇摇头说不要了，不好玩。

事实上，越是不现实的事情，男孩越想去尝试，通常他明明知道自己力所不能及，感情上却不能够很快地接受，他还是要坚持不断地尝试。这时，家长就应该给他足够的时间去调整心态，或者在条件允许的情况下让他去尝试一下，当他确定自己不能做到之后，他便会知难而退。

**专家教你男孩怎么养**

生活中，父母应该如何正确对待男孩“天不怕地不怕”的冒险精神？

第一，尊重男孩的好奇心，正确地引导男孩去实践。很多时候，男孩为了一件事儿而冒险，是因为他们好奇；而当男孩对某件事儿产生好奇心理的时候，做家长的应该积极地引导男孩去实践，而不是单纯地阻止。

第二，教育男孩学会自律。生活中，男孩的很多想法和新奇的点子都是错误的，这个时候，父母就应该积极地教育自己的男孩学会自律。

第 2 招

# “我是正义的奥特曼！”
## ——男孩的英雄情结

家有男孩的父母大都会有这样的疑问：我的儿子真的太喜欢惹事儿了，动不动就和别的孩子打架，为什么会这样呢？不仅仅是你的儿子，其他男孩也是如此，他们天生就有一种英雄情结，爱打抱不平，纯属于一种本能的反应。

男孩们看不惯高年级学生欺负低年级学生，就会扬起拳头，想要帮低年级学生讨回公道；他们总是同情弱小，并想通过自己见义勇为的行为“除恶扬善”，成为人们心中的英雄。就像他们喜欢看奥特曼一样，他们不仅看情节，而且渴望那样的情节能够发生在现实生活中，使自己成为消灭怪兽、保护地球的正义使者。

下面是发生在一位母亲身上的故事：

一天，妈妈带着自己7岁的儿子去百货商场买衣服，在带着儿子里里外外逛了三四圈后，儿子也没看上一件。正当这位妈妈准备带着儿子离开时，儿子突然被一件模仿超人的连体衣服给迷住了，不断地央求妈妈买给他。无奈之下，妈妈只好买下了那件衣服，但条件是以后要好好学习，不能在没写完作业前玩游戏，儿子爽快地答应了。

回家后，儿子迫不及待地穿上了那件超人连体衣，还在妈妈的面前显摆，但在妈妈看来，那件衣服根本就穿不出去，可是想到儿子与自己的约定，如果儿子真的能做到，这笔“交易”也算划得来。

第二天，儿子很早就起床了。穿衣服的时候，他还特地把超人连体衣穿在里面，妈妈问他热不热，他只是摇摇头说不热。

晚上回家后，儿子出奇的乖，一个人回到房间里就开始写作业，一直写到晚上 8 点多才出来，见到妈妈后就说：“妈妈，我按照你的要求把作业都写完了！”

妈妈笑着问：“为什么今天这么乖？”

儿子则解开自己的睡衣，露出超人连体衣，说：“我是超人，超人是不会完不成作业的。”

生活中，男孩都渴望自己变得强大，渴望自己成为英雄，但在现实生活面前，他们又不得不接受自己只是一个柔弱的小孩子。因此，当他们穿上那些英雄人物身穿的服装时，他们就相信自己也被赋予了那种神奇的力量，而此时，聪明的家长顺着男孩的这种思维去教育你的男孩就容易得多了。你可以告诉他们，英雄人物从来不会不洗澡就睡觉，或者告诉他们，英雄人物的成绩从来不会太差，他们听到你的话后，就会积极地努力，其效果远比你正面说教要好上十倍。

## 给男孩父母的建议

每个男孩都有英雄情结，父母在面对男孩的英雄情结时，首先应给予理解，而不是呵斥或嘲笑。要知道，肯定和正确的引导常常能让你的男孩变得更加优秀，因为这种英雄情结若运用得当不仅能够让你的男孩变得更有气质，还会让他尽快成长为一个真正的男子汉。下面就为父母们简单介绍几种正确引导男孩英雄情结的方法吧！

**方法一：不要急着批评男孩打架的行为**

李智今年 8 岁了。一天，他在学校里和班级中一个小男孩打了一架，被找了家长，回家后，他害怕极了，生怕爸爸会责怪自己，一直把自己关在房间里不敢出来。爸爸来到李智的房间，并没有责骂李智，而是坐在李智的身边，询问李智事情的原委。李智一股脑地都说了出来：原来是那个男孩欺负别的同学在先，李智看不过去才和他打了起来。爸爸笑着摸了摸李智的头说："好儿子，那你今天做了件好事儿啊，对于男人来说，正义感和勇气是必不可少的！"李智惊讶地看着爸爸，然后不好意思地笑了。爸爸接着说："不过，打抱不平的方式有很多种，你今天虽然本意是对的，但是方式我却不赞同。其实，你本可以好好地和那个同学说，联合起班级里的其他同学一起给他讲道理，这样，他就不敢再欺负班里的同学了，而你也会成为大家眼中的绅士，而不是像今天这样被叫家长了！"

儿子看着爸爸，似乎明白了什么，马上点点头，笑着说："爸爸，我知道了，以后我再也不打架了。"

生活中，很多男孩的家长都遇到过类似的情况，不过估计大多数家长回家第一件事儿就是呵斥孩子为什么要打架，却忘记了去问问自己的儿子因为什么打架，出发点是否是值得表扬的。

### 方法二：给你的男孩讲生活中英雄的故事

现实生活中，英雄不一定要像奥特曼、超人那样去拯救世界、捍卫世界和平。因此，家长必须让那些渴望做英雄的男孩们明白：英雄其实很平凡，生活中的英雄才是最伟大的。

一天，杨帆和爸爸在家里看电影。看到一个特工从枪林弹雨中穿行时，儿子感叹地说，"看啊，他多威风啊，以后我也要做这样的英雄，保卫国家！"

爸爸看了看儿子笑着说："儿子，你知道吗，现实生活中的英雄并非像电影中那么勇猛，很多时候他们都很平凡的。"

儿子不解地看着爸爸，然后问："他们不穿黑衣服，不带黑墨镜，没有手枪，不开跑车吗？"

“当然，他们就像你我一样。”

“爸爸你骗人。”

“爸爸没有骗你，我们小区楼下的保安哥哥你认识吧？”爸爸看儿子点点头，继续说：“去年有一个小女孩在小区旁边的河边玩，不小心掉进水里了，她不停地喊救命，但是周围站着的人都不会游泳。正当小女孩快被河水淹没的时候，那个保安哥哥跳下水救起了小女孩。”

“他会游泳吗？”

“不会。所以，在救起小女孩后，他就沉进河水中了，幸好消防员叔叔来得及时，才救了保安哥哥一命。知道吗？那个不起眼的保安哥哥就是生活中的英雄啊！他没有枪，不穿黑色衣服，没有跑车，但是他同样值得人们尊敬，难道不是吗？”

儿子点点头，表示同意，然后说：“爸爸，我知道了，我以后也要做一个那样的人！”

事实上，男子汉的权威就是这样树立起来的。看到电影中那些能打的特工和硬汉们，他们会以为那样的人物就是英雄。其实不然，家长应该在此时耐心地告诉自己的儿子，真正的英雄并非靠一身蛮力或凭借拳头说话，他们还需要有智慧；他们也并非全都那么卓尔不群，大多数时候，他们都是普通人。

此外，父母还要告诉这些小“英雄”，当英雄是光荣的，但不能不考虑自己的实力而一味地去做英雄；当他们遇到自己力所不能及的事情的时候，最好的办法就是采取迂回的策略，而并非横冲直撞地蛮干。

**方法三：用男孩心中的英雄教育其改掉坏习惯**

对于男孩而言，英雄是伟大的、神圣的，很多男孩都以心目中的英雄为榜样。所以，明智的父母会抓住孩子的这一心理，轻易地让孩子改正缺点。

生活中，每个男孩身上都会有很多缺点，比如挑食、不爱干净、没礼貌、不爱写作业等。此时，父母就可以根据男孩喜欢的英雄来教育自己的男孩，告诉他那些英雄在小的时候可都是爱干净、爱学习、讲礼貌的孩子，也正因为如此他们才能成为大家的偶像；告诉你的男孩，想要长大之后成为他们，现在就必须要每天洗澡之后再上床睡觉、写完作业再玩等等，这样做不仅能让孩子改正缺点，而且可以让他们向更高的要求发展。

**专家教你男孩怎么养**

家长如何正确处理小男孩好打抱不平的英雄情结呢？

第一，尊重男孩的英雄情结。

第二，帮助男孩树立健康的英雄形象。

第三，用男孩子心中的英雄形象去约束男孩的行为。

第 3 招

# “我说了算！”

## ——竞争是男孩的天性

男孩天生具有竞争心理，这一点父母们在生活中就不难发现。很多时候，女孩更偏向于听从别人说，而男孩则偏向于让别人听自己说。比如，刚刚分到一个班级，女孩们大都会想这个班级谁能成为自己的好朋友、谁会欺负自己；而男孩们则首先会关心谁是班主任，谁会成为班长，成为班级里的“头儿”。很多儿童心理学家也发现，无论在任何场合，男孩都特别关心谁是主角、谁是“头儿”。

为什么会这样呢？这其实与男孩天生的竞争心理息息相关，男孩在母体的时候就会接收到远比女孩多的睾丸素，而这些睾丸素决定着男孩生出来就比女孩更具冒险精神和竞争意识。换言之，强烈的竞争欲望是每个男孩的天性。

### 给男孩父母的建议

生活中，当你察觉到儿子的竞争心理时，大可不必太紧张，而是应当一边鼓励男孩勇敢地去竞争，一边积极地引导你的男孩用正当的手段去竞争。如果你巧妙地利用小家伙的这种心理，你就不难发现，原来教育男孩竟是如此的简单！

**方法一：让你的男孩当“头儿”**

扬扬是家里的“头儿”，为什么这么说呢？因为爸爸妈妈给了他一个特殊的权利——在家里监督爸爸妈妈的坏习惯和好习惯，并在周末的晚饭后做汇报。扬扬非常乐于做这份工作，这让他觉得自己是家里的“头儿”。

又到周末的晚上了。晚饭后，扬扬如往常一般拿着一个小本子在客厅开起了家庭会议。

“这周爸爸的表现很好，回家后都把鞋子放整齐了再进屋子，值得表扬；但是昨天我发现爸爸在客厅抽烟，要提出批评，决定罚爸爸10块钱请大家吃冰激凌。”

坐在一旁的爸爸笑着点点说：“好的，没问题，不过扬扬以前回家也把鞋子乱丢，怎么现在都摆放整齐了呢？”

“那当然，我现在是家里的管家，自然不能给你和妈妈留下把柄了。”

说完，爸爸妈妈相互看了看都笑了。

每个男孩都有当“头儿”的欲望，而且一旦他们当了“头儿”，就会全心全意地把工作做好。扬扬的父母充分把握了男孩的这一心理，巧妙地将它运用到教育儿子的实际过程中，让儿子在监督家长行为的同时约束自己的不良行为。

**方法二：鼓励男孩正当的竞争心理**

无论你的儿子现在多大，只要他表现出了竞争的意识，且用正当的方式去争取，你都应该给予他鼓励，千万不要胡乱搪塞他，因为孩子在这一方面的感觉是很敏锐的；另外，更不要打击你的儿子，因为那样会让他很受伤，甚至从此丧失竞争意识。

小亮今天特别高兴，因为他在期中模拟考试中语文成绩第一次得了90分，他开心地跑回家告诉爸爸这个消息。爸爸看了看卷子，问道：“那你这次期中考试总成绩在班里排第几名啊？”“12名！”小亮小声地说。

“你看，你光语文成绩进步了有什么用，是不是数学成绩落分了？总排名还是没有进前10名，高兴个什么啊？赶紧回屋里写作业去，期末考试要是再进不去前10名，你就真的白上学了！”

儿子不再说话，蔫蔫地回到了自己的房间。

生活中，大部分男孩都有竞争心理，当他们真正达到自己心中的目标时，他们便会产生一种成就感。而成就感是促进他们充分发展潜能的重要动力之一。

如果家长无视男孩的这种欲望，甚至从某一角度打击他们，那么，男孩就会因此而丧失前进的动力，他们的潜能也很难再被激发。

正如上文故事中的男孩一样，他的语文考试已经超过了自己的目标，但爸爸无视男孩的努力还拿班级的名次说事儿，打击男孩，让他体会不到成就感；那么，这个男孩下次考试就很难继续努力了，因为他会认为无论自己怎么做都不能得到爸爸的肯定。

**方法三：利用男孩的竞争心理让他们做家务**

小蒙今年7岁了，像所有这个年纪的小男孩一样，他每天总是把房间弄得很乱，却从不愿意自己收拾。一天妈妈过来叫小蒙收拾自己的房间，小蒙坐在电脑前懒洋洋地说：“妈妈，我不想收拾屋子，你就不能提点建设性的意见吗？”

妈妈看着小蒙慵懒的样子，想了一会儿说：“好，给你提点建设性的，现在我们一起比赛，我去收拾我和你爸爸的房间，你收拾自己的房间，一个小时后我们相互检查，谁赢了就给谁50块钱作为奖励好不好？”

“这个嘛！”小蒙看着妈妈犹豫着。

“怎么，怕输啊？”妈妈故意说道。

“谁怕输？不就是收拾房间吗，你就等着给我钱吧！”说着小蒙就起身开始收拾屋子。

很多时候，当你的儿子不听话的时候，做父母的不妨使点小伎俩激他一下子，要知道，男孩往往最受不了别人激他，怀疑他的能力，这个时候，他自然会乖乖地起身去做刚才不愿意做的事情。事实证明，通常在这种情况下，男孩都会做得很好。

不过，父母也应注意适度的原则，不能太过频繁地激自己的男孩，不然就会让你的男孩以为自己这也不行、那也不行，甚至会产生破罐子破摔的情绪，不再去努力。

**专家教你男孩怎么养**

怎样让男孩树立竞争的心理？

第一，权力法。满足男孩当“头儿”的心理，让他自己约束自己的行为。

第二，鼓励法。当男孩表现出强烈的竞争意识时，父母应给予鼓励，并积极地引导男孩用正确的方式争取胜利。

第三，激将法。父母们可以利用男孩的竞争心理，让男孩自我完善。

## 第 4 招

# “玩具里有什么？”
## ——探索心理在作祟

生活中，父母们谈起自己的儿子，总会给他们三个字——破坏王。的确，每家的小男孩都爱搞破坏，可能把玩具拆得七零八落。因为男孩希望知道这个玩具更多的用途，想知道玩具是如何组装在一起的，如果他们对这个问题没有搞清楚，就会理所当然地把玩具拆开一探究竟。这种被家长认为是极具破坏力的行为，其根源在于男孩的探索心理。

蔡亮今年 11 岁了，他最令父母头疼的就是他的破坏力。为什么这么说呢？因为他的脑子里总是装着那么多的问号和好奇，他会因为想知道为什么收音机能发声而偷偷地拆掉收音机；或想知道为什么 DVD 能够放出影像而拆掉 DVD，诸如此类，几乎家里所有他能够拆得了的小电器全都没能幸免。而每次拆开后，要么就是永久性的瘫痪，要么就得他的老爸重新安装。而最令蔡亮父母哭笑不得的是，一次，蔡亮竟然把家里的镜子打碎，企图用胶水黏合，做到“破镜重圆”，而那个成语不过是他那天上语文课学到的词语。

父母们觉得男孩不好养，除了男孩好动、淘气之外，还因为男孩的这种探索心理。这种心理使男孩脑子里总是装着问不完的问题，直到他“亲手”找到答案为止。当然，不少家长又会发问，女孩也同样有探索心理，可为什么女孩们却很少搞破坏？其实，这与男孩自身的生理及心理特性有很大的关系，男孩无论是生理发育还是心理发育都会比女孩晚一些，导致了他们的自我控制力常常比女孩们差，这也是为什么女孩很少因为自己的好奇心而拆开小闹钟一探究竟，而男孩则常常做出让父母抓狂的事。

那么，父母应如何对待男孩的探索心理呢？

## 给男孩父母的建议

父母们都有同感，家里的男孩喜欢刨根问底，喜欢拆东西，喜欢搞破坏……如果你的男孩正是如此，那你也不必太过着急。一般来讲，只要你在教育自己的男孩时将他这种探索心理引向正路，那么，你的男孩长大之后，定会成为一个了不起的人物。

**方法一：尊重男孩拆东西时的探索心理**

钟朗今年12岁了，他最大的愿望是成为一个伟大的发明家，出于这样的愿望，他对任何事情都充满好奇，而这好奇带来的结果就是家中小电器的“遭殃”。几乎每个周末他都得拆装一两样小家电。虽然有时候他拆装得天衣无缝，甚至他的父母根本察觉不出那些如闹钟、小型DVD播放器被拆过的痕迹。但有一次，钟朗还是“失手”了。

那天，爸爸买回了一个投影仪，看着小小的投影仪竟然能够投放出那么多彩、那么大的画面，钟朗好奇极了，他迫切地想知道，这个小盒子是怎么做到这一点的。于是，在父母同时都外出的一个周末，他开始了自己的计划，但是令钟朗没有想到的是，一个小小的投影仪内部构造居然那么复杂，很多零件他拆下来后安装不回去了。

正当钟朗准备再次尝试的时候，爸爸回来了，就这样钟朗的拆装计划被爸爸逮个正着。非常害怕的钟朗马上站在一边，不说话了。爸爸看了看面目全非的投影仪，又看了看站在一旁的儿子，问道：“能告诉我你这么做的目的吗？”

“对不起爸爸，我只是想知道，这个小东西是如何投放那么好看的画面的！”

“好吧，那么，你知道了吗？”

“还没，我拆开了它，但是……装不上了，我……对不起！”

“嗯，你真是个淘气的小男孩，那么，现在我们得一起把它装上了，因为是你拆的，所以你应该有些记忆能够帮助我装上它！”

“嗯，好的。”

就这样，爸爸一边和钟朗组装投影仪，一边向他讲述投影仪投影的原理。

随后的一段日子，爸爸经常会买一些小零件给儿子，鼓励他做些小发明。没过多久，钟朗就研究出了自己的第一个发明，随后他报名参加了全国青少年发明创造大赛，还获得了二等奖。

可想而知，假如钟朗的父亲当时没有尊重儿子的好奇心，而是严厉地训斥儿子的行为，并且没有在日后鼓励儿子的发明创造，那钟朗的创造天赋一定会被扼杀，一位未来的发明家也可能就此“夭折”。因此，每一位家长都要正确地对待男孩的探索心理，千万不能让天才消失在自己的棍棒下。

此外，男孩的叛逆心理天生就很重，当父母尊重他们、理解他们时，他们就会表现得很听话，从而会选择用正确的方法、手段去探索事物。因此，对待男孩的探索心理，父母应客观地分析其动机，在尊重、鼓励其探索兴趣的前提下，把孩子的“破坏性”引向正途。

**方法二：发掘隐藏在男孩探索心理背后的天赋**

前面也说过了，在生活中，大多男孩由于探索心理的存在，会出现一些破坏东西的行径。其实很多时候，这种破坏性并不是纯粹的、恶意的破坏。比如他会将同桌女生好不容易做好的手工剪纸撕坏，但是没过多久，他又会做一个一模一样，甚至更好的剪纸，补偿那个小女生；他会把自己的自行车链条卸下来，但是没一会儿，在把自己弄得满身油泥后，他又会奇迹般地将链条装上……家长们应该意识到，在男孩这些破坏力的背后，隐藏着的往往是那些呼之欲出的天赋。因此，聪明的家长绝对不会单纯地用强制的方式压制男孩们那些隐藏在“破坏力”背后的天赋，而应该用正确的方式进行引导，使孩子在某些方面表现出惊人的才能。

鑫鑫从小就很喜欢垒积木，有的时候上手工课，他看到同桌垒得不好，就会把对方的积木全部推掉，而后再给对方建一个漂亮的“宫殿”；他会在自己房间用积木垒一个窝做小狗的房子，然后再把小狗放进去……

针对儿子的这种破坏行为，鑫鑫的爸爸并没有过分地批评他，而是一点点地把鑫鑫的爱好引上正路。比如，知道鑫鑫喜爱垒积木，建造各种各样的“建筑”，鑫鑫的父亲就带着鑫鑫去参观各种风格的建筑，还在参观的时候，给鑫鑫讲解这些建筑风格的由来；给鑫鑫买一些有关建筑方面的书籍；给他买各种各样的积木；在闲暇的时候和鑫鑫一起建造积木建筑……渐渐地，在父亲积极的引导下，鑫鑫对那些各式各样的建筑更加痴迷了，从此，如何将那些风格不同的建筑用积木建造出来，就成了鑫鑫业余时间最喜欢研究的事情。他告诉爸爸，长大后他要做一个建筑师，而爸爸则笑着说：“那从现在起鑫鑫就要好好学习，学习和建造积木两不误，长大后就一定能成为一个出色的建筑师。”

而更让鑫鑫爸爸开心的事是在一次少儿设计大赛中，鑫鑫荣获了建筑设计少儿组的特等奖。

的确，生活中父母不仅不能打击孩子充满天赋的“破坏”行为，而且还应积极地引导出隐藏在孩子身后的天赋，并鼓励、帮助你的孩子将这种天赋与能力发展下去。当你的男孩在遇到困难打退堂鼓的时候，你推他一把，常常会成为决定他日后成功与否的重要一步。

### 专家教你男孩怎么养

父母该如何正确引导男孩的探索心理呢？

第一，尊重男孩的探索行为。不要贸然批评男孩的探索行为，即便他可能拆掉了电器。

第二，鼓励男孩完成自己的事情。很多男孩耐力很差，常常三分钟的热度，家长要鼓励这样的男孩，完成自己的事情。

第三，通过男孩的探索心理发现男孩的天赋，并有意识地培养你的男孩。

## 第 5 招

# “你打死我好啦！”

## ——越打越犟的男孩

中国有句古话叫作“不打不成器”，就是说在教育孩子时不能心软，一定要打。这样的教育方式，尤其盛行于教育男孩的过程中。不少男孩的家长，动不动就非打即骂，以期待男孩长大成才。但事实上如何呢？结果往往事与愿违，家长发现，男孩不但没有在鞭打下成才，相反，还越打越不听话，越打越犟。

这究竟是为什么呢？儿童行为学研究专家发现：一见男孩犯错误家长就大发雷霆、大声责骂，甚至殴打男孩，长此以往，男孩对打骂的适应能力就会逐渐提高，久而久之，男孩就会对一般的打骂表现出无所谓的态度。家长如果在这时候还不反思自己的教育方式，而是对越来越犟的男孩继续采取严厉的教育方式，只会加重问题的严重性。

那么，现实生活中，家长为什么会舍得打骂自己的心肝宝贝呢？

一般来讲，家长打骂男孩多半是受到传统教养观念的影响，家长就是权威，而男孩只有服从的份儿。

其次，就是因为父母自我情绪管理不佳，再加上男孩在此时表现得很不好，家长就顺理成章地找男孩来解气。

再者，家长会学着自己爸妈的样子去教育男孩，并且说：“我小的时候，我爸爸妈妈就是这样打我的，现在我不也挺好，所以，小男孩就得打。”

最后一点，家长打骂男孩是因为找不到更合适的教育方式，依靠打骂男孩来达到教育的效果。

家长通过打骂男孩等强制行为来消解了自己内心的怒火，那么此时的男孩又何尝不想消除自己内心的怒火呢？下面，就让我们一起来看看一项关于男孩被打后的思想调查吧：

“我讨厌你们，总有一天我会离开你们的，再也不受你们的气了。”

“打吧，打吧！打死我好了，反正我也不想活了。”

“等我有了能力后，你们休想再打我！”

如果你是男孩的家长，并且你曾经也用打骂的方式来教育自己的男孩，那么，你就一定不会对以上的话语感到陌生。

在打骂之后，我们的男孩不仅不会对自己的错误产生丝毫的悔过之意，反而会由此对家长产生怨恨。于是，我们的男孩开始变得爱说谎了，开始变得有攻击性了，并且变得越来越难接近了……

## 给男孩父母的建议

也许父母会感到疑惑，现在打骂男孩都不起作用，要是真的收起棍子，那淘气的小男孩还不得闹翻了天？

**方法一：男孩犯错时，父母要先冷静下来**

当男孩犯了错误，父母的第一反应是非常生气的，甚至会冲昏了头脑，控制不住自己的情绪，动手打骂孩子，事后又非常后悔，这些都是由于父母没有控制好自己的情绪而产生的不良结果。

此时，父母可以转移自己的注意力，先冷处理，待自己的情绪稳定之后，再来解决问题。这样对于孩子而言，不会造成拳脚相加的暴力后果。这种冷处理有助于让孩子认识到自己的错误所在。

**方法二：站在孩子的立场考虑问题**

很多时候，父母看到孩子犯错，不由分说就是一顿毒打和辱骂，而不是先了解孩子为什么要这样做。这都是造成沟通障碍的原因。

所以，父母要站在孩子的立场考虑问题，要先了解孩子的个性，根据孩子自身独有的性格特点采取适合的方式沟通。孩子调皮捣蛋、好问，父母就不要打消孩子的积极性，和孩子一起探索。有的孩子文静内向、性子慢，父母就一定要有耐心，仔细倾听孩子的想法，不要轻易否定孩子。如果不用心了解孩子，就不能真正站在孩子的立场考虑问题，也就不能通过沟通来帮助孩子解决学习和生活上遇到的问题。

如果父母能站在孩子的立场考虑问题，就会和孩子的心贴得更近，更能理解孩子的心理和行为，这样父母不仅是孩子的长辈，也会成为和孩子共同成长的知己。

**方法三：让你的男孩“自食恶果”一次**

周末，小明去奶奶家玩，到了傍晚，奶奶和妈妈决定包饺子给小明吃，于是，她俩就开始包饺子。而在一旁玩耍的小明突然对奶奶包好的生饺子产生了兴趣，趁奶奶不注意，他拿起一个生饺子就要往嘴里放，正在奶奶准备拦的时候，却被小明的妈妈阻止了。她对小明的奶奶说：“让他试试吧，不然他不会知道为什么生的不能吃。”果然小明只吃了一口，就皱着眉头吐了出来。

如果你的男孩总是听不进大人的话，那么在保证安全和没有恶劣后果的前提下，不妨让你的男孩品尝一下“自食恶果”的滋味。通过自身的切实体验，他将能深刻领悟到家长先前的教导是正确的、重要的。

综上所述，我们不难总结出这样一个道理：教育男孩的方式有千万种，但打骂男孩却是教育方法中最差的一种；作为男孩的家长，想要培养出优秀的男孩，一定要注意多引导、少控制！

### 专家教你男孩怎么养

家长应当如何教育越大越犟的男孩呢？

第一，收起拳头。父母要少用棍棒，多给男孩一些耐心。

第二，用结果教育男孩。小男孩脾气犟，不撞南墙不回头，这个时候，家长就不妨放手让他去“撞”一下。

# 第 6 招

# 翻墙、爬树、打架

## ——精力充沛不是错

与文静的女孩相比，男孩好像总有用不完的精力，一刻都不想停下来，他们不是在小区踢球打破邻居家的窗户，就是在下课后一起捉弄同班的女生被叫家长……因此，男孩的家长们无不纷纷感叹：养个男孩真难啊！

的确，生活中由男孩给父母制造的麻烦远远超出女孩带给父母的困扰。男孩的父母时时刻刻都面临着要处理男孩惹下的麻烦，比如被叫到学校向老师道歉或向受自己儿子欺负的同学的家长道歉……就这样，很多男孩都被贴上了“坏小子”的标签。

韩磊 13 岁了，上初一，他一直是父母眼中的问题男孩，时不时地就给父母找“麻烦”。一天，班级里投票选举班长，韩磊也参加了竞选，然而就在投票结束后，老师却在没有唱票的情况下就宣布另一个女生为班长，而那个女生正是平日里老师最喜欢的学生。韩磊感觉不对，觉得老师骗了自己，因为他自己能够感觉到，很多同学都选了他，要是唱票的话，他不一定会输的。于是，韩磊就站起来要求老师唱票之后再宣布选举结果，没想到老师却对韩磊说作为班主任她有权选择班级内的班长。气不过的韩磊因此和老师争吵了起来……

在老师看来，像韩磊这样调皮的男孩是没办法胜任班长职位的，哪个老师喜欢调皮、捣蛋的班长呢？但作为男孩的家长，则应该跳出老师们普遍的想法，多站在男孩的立场考虑问题。爱玩、顽皮、淘气本是男孩的天性，如果你成天要求男孩“停下来”“安静下来”“学习去”……那男孩又怎么能成长为顶天立地的男子汉呢？到最后完全如一个文静小姑娘一般，丝毫没有自己的个性，到那时，男孩和女孩又有什么区别呢？正如一位儿童心理学家所说：“生活中，父母和老师给男孩和女孩穿上了一样的鞋子，却希望他们走出不一样的道路来，这完全是不可能的，也是不现实的。”

## 给男孩父母的建议

如果生活中，你恰巧是问题男孩的家长，那么你应当怎样去做呢？

**方法一：尽量满足男孩的好奇心**

很多时候，男孩之所以淘气是因为他好奇，一旦做家长的满足了男孩的这种好奇心，他就会对某种事物失去兴趣。渐渐地，他那种令人头疼的淘气行为也会慢慢消失。但是，如果父母一味地约束男孩的行为，就会激起他的好奇心，让他产生一种一试究竟的念头，结果，他的淘气行为反而变本加厉。

君君今年6岁了，非常喜欢玩水，平时就总背着妈妈给家里的盆景浇水，结果不是弄得满屋子全是水，就是把盆景给浇死了。除此之外，每当下雨天，君君就跑到外面去玩水，妈妈越不让他去，他就越去。

后来，君君的妈妈改变了策略，她不再拦着君君在雨天出去，而是在君君出去前，给君君准备好雨衣和雨鞋，以免他着凉，随后，就让他可劲地在雨中玩个痛快，两三次后，君君便不再在下雨天出去了。当妈妈询问君君为什么不出去的时候，君君只是说：“下雨也就那样，没什么意思！”

的确，当你满足了男孩的好奇心后，你就不难发现，过不了多久，他们的兴趣就会转移到别的地方上去；相反，如果你一味地阻挠男孩的好奇心，则会加剧他们一探究竟的念头。所以说，如果你的男孩也想在雨天到外面玩耍，那么不妨让他痛痛快快地去玩个够，过不了几次，他就会乖乖地待在家里，再也不在雨天出去了。

**方法二：让男孩为自己的行为负责**

小男孩总是有很多方法来释放自己旺盛的精力，下面事例中的小齐就是这样一个精力旺盛的小男孩：

每天，小齐都会为自己制造新鲜的娱乐方式，比如拆家里的小电器，然后装不上或者装上后多出几个零件，当然，这件小电器也就此报废了；再比如把邻居家女孩的芭比娃娃拆开当作自己的武器，结果女孩哭着带着妈妈来找小齐的家长，最后，小齐的父母只好重新买一个新的娃娃给小女孩，诸如此类。小齐总有想不完的点子，也总有使不完的精力，每天不到晚上10点，他是绝对不会安静下来的。

虽然我们说调皮、淘气是小男孩的天性，但是父母也不能听之任之，一味地迁就，而是应当在男孩闯祸之后，让他学会自己承担责任，只有这样，男孩才会意识到自己错了，才会改正自己的不良行为。反之，如果父母单方面地为孩子承担一切，凡事儿都帮助儿子处理，那么，不仅不能让孩子意识到自己的错误，而当哪一天，父母突然没有能力帮助孩子处理事情的时候，孩子还会埋怨，甚至憎恨自己的父母。

所以，父母在对待孩子闯祸后应该承担的责任时，一定要记住，不要包揽孩子所有的责任，而是让你的男孩自己去解决，告诉他“自己闯下的祸要自己负责”，只有这样，你的男孩才能在日后成为一个有责任、有担当的男子汉。

## 方法三：陪你的男孩一起去冒一次险

男孩们充沛的精力常常是家长们的噩梦，因为家长们的确想不出还有什么方法能让儿子不在雨天出去淋雨，不在小区里踢球，不和伙伴们一起密谋什么探险活动最后迷路找不到回家的路……

房间里，男孩小志正在规划自己的暑假计划，他决定和死党家明一起参加暑期攀爬自行车训练。

傍晚，小志将自己的想法告诉了父母，但父母考虑到儿子才 12 岁，而攀爬自行车又是危险性很大的活动，所以，父母马上拒绝了儿子小志的请求。但已下定决心的小志并没有就此放弃，而是打电话寻求奶奶的帮助，当然，他可没有告诉奶奶自己要参加攀爬训练班，而是告诉奶奶自己要去学习美术，想让奶奶赞助点学费。奶奶很宠爱自己的孙子，爽快地答应了。第二天，小志就拿着奶奶赞助的钱和家明去商场买了自己钟爱的攀爬自行车，并且交了训练班的报名费。

不过，事情很快就被小志的父母知道了。到了出发那天，小志前脚刚走，小志的父母后脚就跟上了，他们一直跟着小志来到了训练班，全程默默地观看小志训练。虽然训练中小志也摔倒了很多次，但是每次小志都勇敢地站起来继续训练，小志的父母从小志的训练中看出了儿子坚韧的一面。

下课后，小志看到了父母，心虚地走过来，低着头对父母说："对不起！我不是有意的！"

爸爸看着儿子小志，笑了笑说："你是该说对不起，因为你骗了奶奶，不过看了你的训练，我也要由衷地说一声，很不错！"

"真的？那你们不生气？"小志惊喜地问道。

"你知道吗，爸爸在像你这么大的时候也总喜欢去尝试一些刺激的事情，爸爸也知道当你想做一件事情的时候，我们越是阻止你，你就越想去对吗？看到你这么勇敢坚强，我和你妈妈也会重新考虑是否让你继续练习！不过，你以后不能再说谎话了。”

“真的？太好了，爸爸万岁，我答应你，以后再也不会说谎了。”

正如故事中小志爸爸所讲，当男孩认定一件事情之后，即便在父母的威胁下他没有做成，但他的愿望在心里也不会搁浅，他会在父母不注意的时候偷偷做。所以，父母保证男孩安全最有效的方法就是在你能够控制的范围内，让你的男孩大胆去尝试，甚至可以陪着你的男孩一起冒一次险，这样你的男孩才能健康地成长起来。

### 专家教你男孩怎么养

小男孩总是精力充沛，家长怎样正确引导这些精力旺盛的小淘气呢？

第一，平心看待男孩的淘气行为。

第二，让男孩对自己的行为负责。

第三，要使孩子把多余的精力通过正确的方式宣泄出来。

第四，冷静地面对犯了错误的男孩。

第 7 招

# 男女教育应有别

## ——认识男孩的优势和劣势

说来也奇怪，生活中我们总能遇见这样的现象：一些父母在没有生孩子之前特别渴望能够生一个儿子，而当生了儿子之后，他们又特别羡慕那些有女孩的家庭。为什么会有这种心理呢？因为与淘气的男孩相比，女孩显然更加乖巧、伶俐、懂事，她们身上具备了很多男孩所不具备的优点，更惹人喜爱。

其实，每个男孩都有自己出众的一面，与比较娇弱、不喜欢四处跑跳的女孩相比，男孩更具实践能力、自学能力；他们大都是天生的运动能手，在运动方面有着极强的爆发力；在大多数情况下，男孩喜欢单刀直入解决问题，而并非像女孩那般犹犹豫豫，因为他们通常都具有较为明确的目的性。除此之外，男孩们大多数都具备很强的逻辑思维、推理能力、运算能力和理解能力，与感性的女孩相比，男孩更加理性，更容易在某一领域取得成功。

### 给男孩父母的建议

男孩是上天赐予我们的礼物，对他们的教育并不是要简单地保留他们身上的优势、消除各种劣势，也不是要让他们像女孩一样温柔恬静、乖巧听话。父母要做的工作就是当好一个领航者和培训师，让自己的男孩在不失去个性的同时，发挥自己的长处。

**方法一：多留意你的男孩，发现他的喜好与长处**

父母总是把眼睛定格在男孩的成绩上，以成绩的好坏来评判自己的男孩是否优秀，这其实是非常片面的。

以下是一位父亲的教子经验：

小海这次语文考试仅考了55分，还没及格。为此，我心情很差，回家后一动不动地坐在桌前思考儿子的问题究竟出在哪里。在我冥思苦想的这段时间里，有几个小朋友接二连三地敲门，要找小海出去玩。但儿子知道自己惹我伤了心，所以一直没有出去。

过了一会儿，又有敲门声了，我好奇地开门，看到门口站了好几个小孩子，他们异口同声地哀求我说："叔叔，你让小海陪我们玩一会儿吧！没有他，我们玩着没意思……"正是这样的一句话点醒了我。我的儿子虽然成绩很差，却拥有良好的人缘，每个孩子都很喜欢他。难道这不是一种比学习更可贵的天赋吗——社交能力。

想到这里，我再也不干预儿子的娱乐生活了，甚至还鼓励他多多交朋友，把同学叫到家里一起做功课。经过半年的时间，小海的学习成绩明显上升了，还跟别的小朋友学会了绘画和音乐……

父母们在平时应多留意你的男孩，努力发现他的优点或天分，便可像上面的那位父亲那样，积极引导孩子朝着他感兴趣的方向发展，用你的鼓励和赞美催开孩子的天赋之花。

**方法二：多带男孩参加一些聚会，锻炼他的语言表达能力**

对于正处在成长中的男孩来说，培养他们的语言表达能力是非常重要的事情。只有让男孩学会完整、顺畅地表达自己的感受，他才能够更好地与人沟通，被别人了解。然而，由于生理或家庭教育方式等原因，有些男孩在听、说、读、写等方面都存在困难。此时，父母就应该采取相应的措施，积极地提高男孩的语言表达能力。

李女士有一个非常可爱的儿子，今年8岁了，从儿子3岁时起李女士就每天抽出一些时间和自己的儿子说话。有时候，李女士教儿子读一些优美的诗句，给他讲一些好玩的小故事。为了锻炼儿子的语言表达能力，李女士从儿子5岁起开始引导他讲故事。李女士还记得儿子第一次为自己讲故事时的情景，他磕磕巴巴，显得很心急，可越心急便越讲不清楚，最后讲到一半就不想讲了。李女士一直在一边鼓励儿子：“儿子，你讲得真棒，比妈妈讲得好。可是，你为什么不讲了呢？”儿子受到了鼓舞，接着，又继续为李女士讲了下去。

在李女士的鼓励下，儿子爱上了阅读，爱上了讲演，他的表达能力在同龄孩子中非常出众……

李女士的做法非常聪明，她知道男孩天生对语言不敏感，于是在自己儿子很小的时候，就坚持不懈地开发他的语言表达能力，引导男孩对语言产生兴趣，并不断地鼓励男孩，让他知道自己做得很棒，久而久之，就会使男孩产生强烈想要表达自己情感的愿望。

**方法三：留给你的男孩多一年的时间成长**

刘伟是个9岁的小男孩，一天放学回家后，他这样对他的妈妈说：“我特别讨厌我们班上的那些女生，班级干部全部都是女生，被老师表扬的也总是女生，而挨骂的永远都是男生！妈妈，你给我转校吧，转到全是男生的学校好不好？”

根据相关研究证明：男孩的智商发展比女孩晚一年，因此小学阶段男孩的学习成绩往往没有同龄的女生好，又因为他们中的大多数都调皮捣蛋，挨过老师不少训，在这样的环境中，男孩不对自己失去信心才怪！对此，很多心理学家和教育学家都建议让男孩晚一年再入学。这样，男孩与同班的女孩在理解、接受和动手能力上就会不相上下，这样做可以有效地弥补男孩智力发育晚的缺陷，消除他们对学校、学习的排斥感。

### 专家教你男孩怎么养

小男孩天生好动、淘气，父母在教育他们时应该注意哪些问题呢？

第一，不要按照培养女孩的标准培养男孩。男孩生性好动，父母不应该强制自己的男孩像女孩一样安静，而是应当多留意你的男孩喜欢什么、爱好什么，并着重培养男孩的特长。

第二，着重培养男孩的交际能力。男孩在小时候大都表现得不那么善于与人沟通，此时，父母应当积极地引导自己的男孩勇敢大胆地表达出自己的想法。

第 8 招

# 0 ~ 6 岁，父母要给男孩特别的关注

在一般人眼中，婴儿都是一样的，而照顾婴儿也不外乎喂他们吃东西、哄他们睡觉，所以很多人认为，当男孩和女孩都是婴儿的时候，他们的特性基本一样。然而，事实是这样吗？

一个妈妈这样描述她的教子经历：

我非常幸运，生了一对龙凤胎。虽然他们同时降生，但在表现上还是有很大的差别。女儿很少哭闹，但儿子就大不一样了：他常常动个不停，有时还会恶狠狠地对我晃起小拳头，只有我来到他身边，将他抱在怀里时，他才好一些。

儿子每次哭闹都要不停地蹬腿，这时我轻轻地亲吻一下他的额头，他便会平静许多，但是他的怒火还是没有熄，我只有不停地对他说话，他才会渐渐停止哭闹。后来我意识到，与女儿相比，儿子更需要我的安抚、拥抱和亲吻。可见，养育一个男孩，需要有比养育女孩更多的耐心……

无论哪种性格的男孩子，他们在 6 岁前都有一个共同点——非常需要父母的关爱和教育。这个对世界充满好奇的小生命，喜欢被父母抱在怀里，喜欢父母和自己说话，喜欢被别人逗得咯咯直笑；喜欢撒娇，希望父母能时时陪在自己身边……换言之，0 ~ 6 岁的小男孩无论是在生理上还是在情绪上都要比女孩脆弱，他们更需要父母的关注。

## 给男孩父母的建议

对于 0 ~ 6 岁的男孩来说，如果在小时候情感得不到满足，缺失关爱，长大后常常性格扭曲，因此，男孩的家长一定要给自己年幼的儿子多一些关爱，与他们多一点互动。具体可以借鉴以下几种方法：

**方法一：经常陪伴男孩，多给他一些关注**

不满 6 岁的小男孩事实上比很多女孩还要脆弱，如果在此期间，父母们没能给予他们所需要的关爱，那他们往往会做出一些让家长匪夷所思的事情来。

下面是一位妈妈在教育儿子时遇到的问题：

我的儿子今年 5 岁了，由于平时工作很忙，所以我们能够和孩子待在一起的时间也不多。那天是周末，朋友家的两个孩子来我家里玩，我切好水果后就和朋友们一起闲聊起来。没过一会儿，朋友家的一个小女孩就哭了起来，我们走过去一看，发现我的儿子正扭着那个小女孩的辫子。

儿子看到我走过来才放了手，对此我感到非常恼火，就打了儿子一顿，我问儿子为什么要这样做，儿子却始终不回答。直到后来我才明白，他这样做只是为了吸引我和他爸爸的注意力，因为我们平时太忽略他了。

是的，这个年纪的小男孩对父母的行为非常敏感，甚至比女孩还敏感，会在意父母的一举一动。就像上文中小男孩的母亲所说的那样，如果生活中，父母没能给予男孩足够的重视与关爱，那么，他们就会为了吸引父母的注意力而故意做错事情。

当然，如果男孩长时间通过这样的方式来获取父母的关注，则说明他们缺乏安全感，在这样的环境下成长，将很不利于男孩心理健康及健全性格的形成。

因此，做父母的千万不要对男孩不管不顾，以为男孩天生不需要太多的关爱；而是应当多给小男孩一些关爱，多给予他们一些特殊的关注。

**方法二：不要为了省心让男孩太早进入幼儿园**

对于一些白领父母而言，由于平时工作很忙，自己很难抽出时间来带孩子，所以都过早地把孩子送到幼儿园中，希望增强他们的独立性，同时也可以腾出精力做自己的工作。从表面上看，这样做合情合理，但很多教育专家却指出，男孩在 4 岁之前不应上幼儿园。

这是为什么呢？因为男孩的发育比女孩晚一些，而男孩的心理承受能力也比同龄女孩弱一些，因此，4 岁前的男孩很“晚熟”，更需要父母的耐心呵护。如果此时父母们不顾及男孩的感受，强行把男孩送入幼儿园，那么，大多数男孩都会产生一种被抛弃的感觉，从而形成自闭的性格，影响其心理发展。

**方法三：不要埋怨你的男孩，尝试着多给他们一些鼓励**

如果作为父母的你足够细心，就不难发现即便是再小的男孩，他们也有自己的性格。例如，有些男孩胆子很大；有些男孩好像天生就很胆小，不怎么喜欢接触新鲜事物……

那么，男孩的这些性格又是怎样形成的呢？

男孩性格的形成与差异，除了天生的遗传因素影响之外，与他们所处的家庭环境及父母的教育方式都有很大的关系。

举个很简单的例子，学走路对于小男孩来说不是一件容易的事儿，因为这期间可能会摔倒很多次。当男孩摔倒的时候，如果家长埋怨自己的男孩，说他们很笨，那么，此时的男孩大都会委屈地哭起来；而此时如果父母没有埋怨男孩笨，而是耐心地告诉男孩，走路的时候一定要看清楚脚下，慢点走也没关系，并鼓励男孩说他们已经走得很好了，这时，男孩就会对学走路这件事儿充满信心，也会对父母充满好感，他会觉得生活很美好，而这种心态会一直影响男孩日后的成长，让他变得乐观向上。

总之，与女孩相比，6 岁前的男孩无论是在心理承受能力还是在情感方面都显得很脆弱，所以，在日常生活中，父母们更要满怀热情地去教育男孩、鼓励男孩。

**专家教你男孩怎么养**

6 岁前男孩是最需要父母特别关注的，那么，父母们怎样关怀自己的男孩呢？

第一，多多陪伴他，比如与自己的男孩一起游戏、打闹。

第二，每天给男孩讲一个故事，可以增进彼此之间的关系。

第三，在男孩生病时，悉心地陪在他身边，为他送去关爱。

第 9 招

# 6 ~ 12 岁，父母的监督和指导最重要

男孩一旦超过 6 岁，行为就会发生巨大的变化，会从昔日柔弱的小男孩一下子变得很有男子气概。但是，很多时候他们的举动在成年人眼中还是那么幼稚甚至有些可笑，因为他们总是会用一些奇怪的行为来证明自己是一个十足的男子汉。

一般来讲，这个年龄段的小男孩都喜欢舞刀弄枪，并梦想着自己有一天能去拯救地球；他们喜欢爬上爬下，甚至做一些很危险的游戏，而且还会拒绝和小女生一起玩，以此来证明自己与女孩不同……

除了行为之外，在这一阶段男孩的思维也发生了很大变化。男孩理解他人情感的能力逐渐形成，比如，他可能会问父母这样的问题，如"我是家里面重要的人吗？""我的存在是不是给父母带来了很多麻烦？"……事实上，这些问题的出现恰恰是男孩自尊心的一种表现。

不过，除了男子气概和自尊心增强的表现之外，从 6 岁起，男孩还会逐渐形成攀比意识。比如看到小伙伴有了新球鞋，他想要一双更好的。在这一时期，父母需要给自己的男孩灌输正确的金钱观念，让他逐渐形成对金钱的概念，防止孩子养成攀比、铺张浪费的恶习。

## 给男孩父母的建议

对任何父母而言，教育 6 ~ 12 岁的男孩都不是一件容易的事情，

需要花费更多的时间去规范他们。值得注意的是，做父母的千万不要试图通过说教或打骂的方式来教育你的男孩，倘若你用这两种方式规范男孩行为，不但成效不大，反而有可能“激怒”男孩，让他们变本加厉。

**方法一：多给男孩一些赞美，激发出他的男子汉气概**

随着年龄的增长，细心的父母可能会发现，小男孩在证明他们“男人气概”的同时，也改变了他们对某些事情的原有认识。例如，在男孩四五岁时，家长要求他帮忙去扔垃圾或收拾玩具，男孩一般都会跟家长讲条件：“我要先吃一块蛋糕才能收拾。”“如果你能给我买一个新玩具，我就去。”但当男孩到了七八岁时，他们一般不会再与家长讲条件，如果家长能够赞赏他们，或是表扬他们几句，他们便会很高兴地帮父母做家务。

下面是一位父亲的经历：

一天，我正在擦车，7 岁的儿子突然跑过来要帮我，我当时正好缺个帮手，就同意了。我告诉儿子怎么擦后，他就开始忙活了。过了一会儿，我看到他擦的那部分并不怎么干净，但是对于一个 7 岁的孩子来说已经很棒了，于是我就说：“儿子，你真棒，没想到你还有两下子。”

接下来，儿子擦得更认真了，也许他也看出了自己擦得不是很干净，于是就多擦了好几遍，最后擦得比我擦得还干净。擦完后，他还主动拿来了冰水给我，随后把擦车时用的所有工具都收了起来，放进便携桶里，这让我很吃惊。

是的，这就是男孩的转变。在自尊心的驱使下，他会主动帮助父母做事情，而他们想要得到的也不再是一块蛋糕或者一个小玩具，而是一两句出自父母口中的表扬性的话语。

**方法二：引导男孩用正确的方式表达自己的想法**

七八岁的小男孩不仅很淘气，而且总会不经意地说出一些很伤人的话来。不过，在大多数情况下，男孩口中说出的那些难听的话，并非就是那个意思，只是他们的表达方式不能让人轻易接受或他们尚没有找到合适的方式表达自己的情感，确切来说，这也是男孩有别于女孩的另一个特点。

下面是发生在一位母亲身上的故事：

那天我买了一件浅紫色的外套，我穿着它回到家，儿子给我开的门，正巧邻居家的一个小女孩也在，于是，我就询问他们两个人对我这件新衣服的看法。

邻居家的小女孩是这样说的："阿姨，我觉得你这衣服无论是款式还是上面的刺绣都做得特别好看，要是颜色能再淡一点就好了。"

但儿子却在一旁打岔道："我觉得这衣服很难看，就像个大茄子。"

看，小男孩就是这么直爽，他们总是想什么说什么，不会拐弯抹角，但是，也反映出了一个男孩身上很大的缺点，那就是不顾及别人的感受。

作为父母，你必须要意识到，如果你的儿子总是用以上的大实话与人沟通，那么，最终难堪的并非对方，而是你的儿子，因为那会让他陷入人际关系的危机。

如果父母遇到以上的问题应当怎么做呢？你要引导你的男孩用正确的方式表达自己的想法，比如，让他说"我不大喜欢这衣服的颜色"之类的话，久而久之，男孩会在这样的练习中，逐渐收敛自己说"大实话"的行为。

**方法三：放开男孩的手，让他自己去尝试**

6 ~ 12 岁的男孩是精力充沛的，在这一阶段，男孩似乎对一切事物都充满着好奇心与热情。他们会在小区花园里追逐蝴蝶；他们会渴望去大山里探险；他们愿意努力去做家长吩咐的事情，即便是打酱油这种小事儿。

不过，生活中，由于男孩尚没有太多的社会经验，因此，这一阶段的男孩常常做了很多，成功的却很少。他们非常敏感，如果家长又没有在此时对男孩加以正确引导，那么，男孩便可能由此丧失自信。

因此，在这一阶段，父母们应该有意识地让男孩尽情去尝试，并在身后默默地支持他们，当他们任务完成得不理想时，应当及时地鼓励他们，为他们做好心理疏导工作。

**专家教你男孩怎么养**

家长如何正确地监督、指导自己的男孩？

第一，让父亲参与到教育中来。此阶段的男孩大都极力想表现自己的男子气概，此时，应让父亲参与到教育男孩中来，让他给自己儿子做出榜样。

第二，不要对孩子要求太高。这个阶段的孩子，大都比较淘气而且会经常给父母惹出一些麻烦，此时，父母不应呵斥男孩，而应与男孩一起分析原因，引导男孩。

## 第10招

# 12 ~ 16岁，向大男生过渡的关键期

提起12 ~ 16岁的男孩，家长们首先想到的词语恐怕就是“青春期”和“叛逆”。的确，原本乖巧的儿子，突然间变得沉默了；从前一点不注重外表的他，也开始每天出门前在乎自己的发型，买衣服时考虑这件衣服能否追得上潮流；以前和家长关系很好的他们，突然之间有意疏远了，还常常一句话不投机就摔门而去……你面前的儿子，已经不再是曾经的那个小男孩了，而是即将长大的男人了，他们不再希望家长管束自己，而是渴望自由的空间。

那么，家长应该怎么教育这个阶段的男孩呢？首先应了解这个阶段男孩的特点。一个明显的特点就是男孩的情绪变化多而快。青春期男孩的情绪就如同天气一样，时阴时晴，让家长捉摸不透：一句鼓励就能让他们信心倍增，一个小小的打击就能让他们垂头丧气。

另外，青春期的男孩处于情感的懵懂期，这个阶段他们渴望收获爱情，即便那种经历并不能被确切地称之为爱情。他们可能会喜欢上隔壁班的女生，或迷恋上哪个女艺人……家长面对男孩的这种行为时，应持宽容的态度，同时，家长应多与男孩沟通，引导他们建立起正确的性观念与感情观念。

## 给男孩父母的建议

这一时期，男孩们将学会如何从一个不懂世事的小男孩向一个懂事的大男生跨越。因此，家长对男孩的引导与教育也十分重要。若家长选对了教育方法，那么男孩便能成才；反之，若家长用错了教育方法，那男孩很可能庸庸碌碌……

**方法一：尊重处于青春期的男孩**

男孩们长大了,你不得不承认,他们开始有了自己的想法和主见,会跟你提意见,也会拒绝你的要求。家长在教育这个年龄段的男孩时,已经不能再像教小男孩那样了；相反，而是应当把他们当成大人来对待，尊重他们的建议，允许他们拒绝，只要他们说出的理由合理，你就必须同意。

家长应当忘记你是男孩的家长，而是应多以朋友的身份和他们交流，不要给他们太多压力，那样只会激起他们的逆反心理。

下面是一位爸爸的育儿经验：

我儿子马上就要上高中了，就像很多青春期男孩的家长一样，起初我也迷茫过，因为我的儿子也曾和我对着干过，但是现在好了，我们是无话不谈的朋友，我能及时掌握儿子的所想，并对他进行正确的指导。

一次，儿子回来后闷闷不乐地回到了自己的房间，过了好久也没出来，于是我就进去了。起初他对我是持防备心理的，当时我既生气又好想笑，因为他那个时候的样子就和我年轻的时候一模一样：既希望得到家人的帮助，又防备家人。

儿子看到我的表情，问我干什么，我就对他说，他现在的样子就像我十五六岁时一样，接着他问我那个时候什么样，于是我就和儿子谈起了那个时候的样子，也谈了那个时候的初恋，还告诉他不要告诉妈妈，当作我们之间的秘密。这个时候，儿子也告诉我一个秘密，他说他也有一个女朋友，但是今天分手了，于是，我们就这个问题谈了起来，我给了他很多建议，儿子也都接受了。其实我说的不外乎就是家长们常说的道理，但不同的是，我选择变换了自己的角色，以男孩朋友的身份告诉……

**方法二：转移青春期男孩的好奇心**

男孩子天生好奇心很强，青春期的男孩更是如此，这个时候，他开始对很多成人世界的事情产生好奇感，可能想去酒吧一探究竟，可能想知道有关性事情……

这个时候，家长应当教男孩一些必要的知识，如性知识、成人世界的生活，甚至可以带他去见识一下酒吧，让男孩知道，其实都没有他想象中的那么神奇。

与此同时，家长还应当根据男孩的兴趣爱好转移男孩过剩的好奇心，因为这个世界毕竟诱惑太多了，而好奇心正是促使男孩走近一些不良诱惑的“推动力”。

**方法三：从方方面面帮男孩树立正确的思想观**

面对男孩的不听话，家长应该宽容和理解他们，但是并不是说要纵容他们，让他们肆意妄为下去。面对他们不听话的行为，家长应该从方方面面进行指导，帮助他们树立正确的思想观和价值观，让他们对那些坏习惯、坏毛病产生“免疫力”。

一位爸爸曾经谈到这样的教子经验：

对于我那正处在青春期的儿子，我是非常宽容和理解的，也正因为这样，我们的关系非常好。我常常找儿子聊天，让他谈谈对一些事物的看法。前段时间，儿子不知道和谁学会了说脏话，脏字、脏话一串串地从嘴里冒出来，让人听上去非常不舒服。我温和但又不失严厉地对儿子说：“说脏话是不好的行为，你以后要改掉这个坏毛病。”儿子有些不服气地说：“我们班里的男生都这样。”我说：“你不应该追随别人，你要有自己的观点和看法。我问你，你感觉说脏话很好吗？”儿子低着头不说话。从那以后，儿子改掉了说脏话的毛病。我认为，对青春期的孩子要“宽严相济”：一方面多给予他们理解和尊重，但是遇到一些原则性问题时，一定不要纵容他们。这样，孩子才能健康地成长。

### 专家教你男孩怎么养

家长怎样正确教育正处于青春期的男孩？

第一，对青春期男孩进行必要的性教育。

第二，对青春期男孩进行情感教育，帮他巧妙绕过早恋误区。

第三，先尊重再沟通，充分了解他们的所想所需。

第四，关注他们的身体与心理变化，及时对他们进行指导。

# 第二章

# 培养男孩，父母应扮演好各自的教育角色

这个世界上最具挑战性的事情是什么？

答案显而易见，那就是做男孩的父母。

作为父亲，你必须以身作则，这往往比在公司做领导还要难，你要时刻提防自己的小毛病，生怕男孩在不经意间学了去，还要不断地通过自我实践，告诉你的男孩何谓男子汉……

作为母亲，你不仅要爱孩子，还要教会孩子如何去爱，你可能对他们用尽了温柔，就是希望他们能够成才。然而与此同时，你也得知道，今天你让他们抓住了你的手成长，不断地引导他们；明天你也得懂得放开手让他们去拼搏……

那么，男孩喜欢什么样的父母、什么样的家庭呢？

如果你还在为此迷惑，不妨好好看看本章内容吧！

第 11 招

# 妈妈

## ——男孩品性、行为的塑造者

有这样一句谚语："母亲一手摇着摇床，另一只手却在摇动整个世界。"确实如此，无论是年幼无知的小男孩，还是已经长大成人的男人，母亲绝对是他们生命中重要的人，因为母亲的存在会带给他们十足的安全感，母亲永远是男孩或男人们心灵停泊的港湾。

受到生理特征的影响，男孩自幼与母亲的接触频繁，再加上大部分母亲都非常的温柔细腻，所以，男孩与母亲之间的亲密度远高于与父亲之间的亲密度。换言之，一个男人从襁褓中的小婴儿成长为男子汉，这期间母亲的养育起着至关重要的作用。

在男孩幼年时，母亲能够耐心地教导男孩，并且以身作则，经常与他交流、沟通，那么，他就能在日后成长为一个有责任、细心、有耐心、品行端正的男人；相反，如果母亲消极厌世、情绪低落，在男孩出生后的两年里未尽到职责，那么男孩也会满脑的忧愁，紧闭心门，长大之后也不会向自己的伴侣或孩子表达关怀和柔情。

### 给男孩父母的建议

作为男孩的母亲，无论你的儿子处于哪个年龄段，你都应该一如既往地尊重、鼓励你的男孩，并积极地引导他，培养他建立正确的价值观、不断提升个人修养，塑造出一个优秀的男子汉。

**方法一：从小事关爱你的男孩，让他感受到安全感**

母爱是塑造男孩人格的种子，它不仅会给予孩子十足的安全感，促使他勇敢面对一切困难和挑战；还能在潜移默化中净化男孩的心灵，让他变成神圣而美好的人。这也是为什么超过 80% 的教育专家提倡母亲自己带孩子，而非交给长辈或者保姆。

刘畅是一个脾气非常暴躁的男孩，刚上初一的他常常因为一点小事儿就和同学大打出手。一天，刘畅因为抢篮球场的事儿和高年级的同学发生了摩擦，对方还没说几句话，刘畅上去就打了对方一拳，当时就把对方的鼻子打出血了。

随后，老师找到了刘畅的家长，结果来到学校的竟是孩子的奶奶。原来，刘畅自幼父母离异，他是由爸爸带大的。小的时候，刘畅一不听话，他爸爸就会狠狠地打他，渐渐地，刘畅也开始效仿父亲，喜欢用打架的方式来消除心中的不快；加之他自小又缺乏母爱，便形成了这样暴躁的性格……

从上面的故事中，我们不难看出，刘畅之所以性格暴躁，喜欢用打架解决问题，多半是因为自幼没有得到足够的母爱。

那么，如何才能改造男孩的不良品行呢？最好的办法就是让他感受到母爱的温暖，只有母爱才能帮助孩子塑造出安定、祥和、善良的人格。所以，为了让男孩日后拥有一个健全的人格，各位男孩母亲要不断地将自己的爱倾注在男孩成长的过程中，尽量自己带孩子，并维持婚姻的和谐。

**方法二：找一切可乘之机，引导、规范男孩的行为**

男孩小的时候，没有办法分辨事情的好与坏、对与错，这就要求做母亲的把握一切机会去引导你的男孩，告诉他哪种行为是正确的、哪种行为是错误的。

一位母亲这样总结自己的教子经验：

儿子今年5岁了，是众人眼中非常懂事的好孩子，这其实都是我的功劳。从儿子3岁起，我就开始有意识地规范他的行为：当他把自己的衣服乱丢时，我会告诉他这样做不对，并且告诉他怎样做才是正确的；当我们一起买菜的时候，我会微笑着对卖菜的大叔说谢谢，并且告诉儿子要懂得感谢身边的人……虽然我知道儿子的年纪还小，但是我更知道，在他小时候对他进行德育教育，常常比他大了以后再教育起的作用大得多。果真我的方法很奏效，两年时间过去了，在我的熏陶之下，儿子现在很有礼貌，脱下来的衣服会自己叠好，也非常有爱心。

这位母亲的做法非常科学，她不仅重视儿子的智力开发教育，更重视对儿子的品德教育。那么，生活中的母亲应该如何引导孩子的行为、培养男孩优良的品德呢？主要有以下几个方面：

首先，做母亲的应该以身作则，规范自己的行为，比如在孩子面前表现得有礼貌等。

其次，母亲们不仅要给予男孩温暖的关怀，还要悉心留意男孩的各种生活习惯。对其优良的习惯，要多加鼓励，令其发扬光大。一旦发现不良的习惯，就要马上指出，并督促其改掉。不要对男孩的错误心慈手软，也不要为他收拾烂摊子，而应该让男孩接受自然结果的惩罚。

一位母亲是这样总结自己的教子经验的：

我儿子特别马虎，总是丢三落四的。那天，他出门回来才发现自己忘带钥匙了，于是打电话央求我回来给他开门。我当时正在朋友家，也没什么重要的事儿，但是想到儿子马虎已经成性，不能再惯着他了，就告诉他我现在有事儿，不能回家；虽然他再三央求，但我还是忍住了。一个小时后我才回到家，看见儿子一个人坐在门口等，我上前就对他说：“以后还丢三落四吗？”儿子摇摇头，说再也不会了。

每个男孩都有很强的可塑性，只要母亲们把握好方向，付出爱心，就一定可以把孩子塑造成最优秀的人才。

### 专家教你男孩怎么养

母亲应该如何塑造男孩的品性、规范男孩的行为？

第一，让男孩感受到足够的母爱。满足孩子的物质需求并不是爱，而是应当让他感受到足够的母爱及安全感。

第二，帮助男孩分清是非对错。母亲千万不要以为儿子年纪小就放任男孩的错误行为。要知道，教育男孩就要趁小。

第 12 招

# 爸爸

## ——男孩成长路上的引路人

如果母亲的作用是培养男孩的品性，那父亲无异于男孩人生的导师，为什么这么说？作为男孩生命中第一个接触的男人，父亲的一举一动都影响着男孩，所以有人就说：“让一个男孩和一个合适的男人在一起，这个男孩就永远不会走上邪路。”而这个“合适的男人”在生活中则非父亲莫属。

但是现实生活中，很多父亲为事业牺牲了陪儿子的时间。他们认为只有辛勤工作才能为孩子提供最优越的物质生活，却不知道对于男孩来说父亲的陪伴才是最迫切的需求。

下面是发生在一位父亲身上特别有意思的事：

李先生的儿子今年 3 岁了。李先生最近发现，这个小家伙特别喜欢模仿自己的动作和行为。一天李先生用剃须刀刮完胡子出来，忘了及时放到盒子里，结果就这么会儿工夫，李先生再回到卫生间的时候，却发现 3 岁的儿子正学李先生的样子对着镜子刮胡子，刮两下就摆弄刮须刀一会儿，估计是没找到电动开关。

看，每个男孩都在默默地关注父亲的一举一动，并且会积极模仿父亲的一言一行。作为男孩的父亲，如果你孝敬父母，那么你的男孩也会尊重你，孝顺他的爷爷奶奶、外公外婆；如果你对妻子、朋友都温柔有加且以礼相待，那么你的男孩长大后也会像你一样绅士，受人欢迎。反之，如果你经常当着孩子的面表现得很粗暴，对亲人也大喊大叫，不尊重家人及朋友，那么，你的男孩长大之后就会成为你的翻版，而当你质问他“我怎么生了你这样一个儿子时”，他也会说“我怎么会有一个你这样的父亲”。

## 给男孩父母的建议

“一个父亲胜过一百个校长。”这是英国文学家哈伯特说过的话，这话就是在强调父亲在男孩成长过程中的重要性。

那么，父亲该如何培养自己的男孩呢？

**方法一：告诉你的男孩应该怎么做**

李南今年9岁了，他最大的缺点就是拖拉，干什么事情都很慢。就拿上学来说吧，他经常迟到，事实上，他起的也并不晚，就是一会儿弄弄这个，一会儿弄弄那个，时间就不够了。

为此，李南的妈妈没少说他，可是情况依旧没有什么好转：即便上课不迟到了，放学回家也很拖拉。无奈之下，李南的妈妈把这项任务丢给了李南的爸爸。

那天下午放学回家，爸爸坐在客厅里等李南。听到隔壁家上学较远的孩子都回来了，李南还没回来，爸爸有些着急了；又等了10分钟，李南才慢慢地走回来。

“怎么这么晚才回来？”爸爸见儿子一进门就严厉地问。

“路过公园的时候，走得慢了点。”李南小声地说着。

“该干什么就干什么，放了学没有别的事就应该马上回家，以后不要在大街上乱逛。还有，早上上学也是，不要拖拖拉拉的，每天临睡前就把书包整理好，吃完早饭就直奔学校，知道吗？”

“嗯，知道了！”

“好了，不要光答应，我要看你的表现。”

说来也奇怪，妈妈说了很久也不起作用的事情，爸爸说了几句就明显好转：每天晚上李南真的按照爸爸的要求收拾好书包再睡觉，早上也直奔学校，回家的时间也快了很多，拖拉的习惯明显有所改变。李南的妈妈不明白，怎么同是教育儿子，爸爸出面效果竟这么好呢？

事实上的确如此，在很多男孩眼里，父亲是权威的象征，他们可以不听母亲的管教，却很少敢违抗父亲的意愿。为什么呢？因为男孩们都喜欢按规矩行事，更喜欢为别人制定规矩。但由于男孩的年纪还小，没有能力去制定，因此，只能服从于严父的规矩。

当然，父亲在给男孩制定规矩的时候，应尽量人性化，如果你制定的不合理，男孩提出质疑，也要相应地做修改。但对于一些原则性规矩，父亲们要坚决反对修改，比如不许玩火、玩电、浪费水等。

**方法二：把你的男子汉气概传输给男孩**

生活中的父亲大都不会像母亲那般对自己的儿子百般宠爱，他们常常在自己的男孩面前摆出一副“硬汉”的模样，让男孩感受到他们的威严与权威性。在生活中，父亲们如果能把自己的男子汉作风融入教育男孩中去，那么就可以为男孩的性格注入阳刚之气。

父亲怎样才能把自己的男孩培养成合格的男子汉呢？

首先就要给儿子做好表率，在儿子面前做一个顶天立地的男子汉。例如：在遇到困难时，父亲要在男孩面前保持冷静的头脑，从容地应对问题，这会在无形中影响孩子，让他拥有坚定的意志和冷静的头脑。此外，空闲的时候，不要总是窝在房间里看报纸，而应当多陪自己的儿子外出玩耍，可以踢一场足球或者去野外爬山等，这些充满刺激和挑战性的运动更有利于培养男孩强健的身体和敏捷的思维。

### 专家教你男孩怎么养

在教育男孩的过程中，父亲具体要做些什么呢？

第一，父亲应该和儿子建立起亲密的关系，关注儿子的一举一动。

第二，父亲要把自己的男子汉气概灌输给儿子，教他如何成为真正的男子汉。

第三，父亲在教育男孩的过程中，要以身作则，设法让自己成为男孩眼中集法律、约束力、威严、权力于一身的“完美男人”，以此树立自己在男孩心中的形象。

第13招

# 营造温馨的家庭环境，温暖男孩一生

在男孩眼中，家不仅仅是生活的地方，更是他们学习和成长的地方。在这个地方，他们将学会如何爱人、如何感恩，当然还有生命中最重要的一课——如何成为一个顶天立地的男子汉。

说到这里，不少父母便会问了，既然如此，那什么样的家庭环境才适合男孩成长呢？答案很简单——一个温馨、和睦的家庭。

在男孩的心中，家不一定非要是富丽堂皇的，但它却必须是温暖的：里面住着温柔的妈妈和慈祥的爸爸；大家每天生活得都很开心，从不争吵；一家人坐在一起其乐融融地吃饭，一边聊天一边开开玩笑；在家里和爸爸下象棋或者和妈妈下围棋……

## 给男孩父母的建议

父母是孩子的第一任老师，家庭则是孩子第一所学校，健康和谐的家庭环境，是孩子身心健康发展的前提条件。那么，如何营造一个良好的家庭环境呢？可以从以下几方面入手。

**方法一：父母不要总是当着孩子的面争吵**

“你又出去和那个狐狸精吃饭了！”

“成天的什么事儿也不干，以为往家拿回点钱就了不起了，你怎么不看看别人家的老婆孩子都在干什么，我们在干什么？”……

这是夫妻吵架时经常会出现的台词。也许当夫妻双方争吵完后，并没有觉得有什么不对，权当一场发泄了，但他们却没有考虑到孩子的感受，这些恶意伤人的话，会对他们的孩子造成什么影响。

家庭是孩子成长的摇篮，父母是孩子的镜子，一言一行、一举一动都对男孩的成长起着至关重要的作用。如一个公益广告所演：一个小男孩在无意间看到忙碌了一天的母亲在为奶奶洗脚，双方非常融洽地聊着天，他也突然端来了一盆水给自己的妈妈洗脚……

**方法二：多买一些有意义的书籍放在家里**

阿强是一个很好动的7岁男孩，在阿强的世界里，除了超人就是神奇四侠，按阿强妈妈的话来说，要是在古代，像阿强这样的小男孩长大了肯定是舞刀弄枪的武夫。可毕竟是在现代社会，阿强除了那些科幻的人物之外，还得懂点别的啊，于是，阿强的母亲就在自己的客厅里装了一面很漂亮的书架，在上面放了许多很适合阿强读的名著、杂志等等，并且以身作则，每天下班回家后，都和阿强的爸爸一起坐在客厅里看会儿书。

渐渐地，阿强也对书架上的书好奇起来，于是，他也学着父母的样子读起书来。他刚开始拿起书只看一两页就放下了，后来发展到一看就是一下午，还时不时和父母分享看书的心得。有的时候，他还带自己的小伙伴回家里一起看书。通过半年时间的引导，阿强现在已经不再沉迷于科幻电影中的人物了，而是爱上了阅读，这让父母很欣慰。

试想一下，在这样的环境中生活，孩子能不喜欢读书吗？为人父母，应尽量为孩子营造阅读的氛围，把家里布置成书屋，让它满布书香气，让孩子在无聊的时候，伸手就能拿到书，从而自由自在地在书海中遨游。

**方法三：让你的男孩自己拿主意，营造民主的家庭氛围**

事实上，生活中大部分家庭中的爸爸妈妈都很难做到真正的民主，动不动就对自己的男孩说你不能这样，你要那样，按我说的办，诸如此类，这无疑会打击男孩的天性，使其形成自闭的心理，从此关上了与社会交流的心门。所以，从现在起给你的儿子建立一个民主的家庭吧。那具体来说，父母应该如何去做呢？

首先，你不应单纯地把自己当成男孩的父母、家长，而要试着成为男孩的朋友、伙伴。你要明确男孩的位置，他是家庭中的一员，而非你的附属品，他有自己的思想、意志，也有强烈的自尊心，强烈地渴望被尊重。

此外，父母们千万不要存在那种“孩子还小，很多事情没有必要让他知道”的心理,这样会让你的孩子觉得自己是脱离家庭生活的，从而产生一种孤独感。作为男孩的父母，你必须保证家庭内每个成员之间都是平等的，不能因为年龄关系就对他“另外对待”，要知道，再小的男孩也有属于自己的感受，他一样能够感受到家长对他们的尊重、信任与重视，更能感受到你的爱！

**方法四：在男孩面前表现出快乐的一面**

儿童心理学家研究调查显示，愉快的家庭氛围中长大的男孩，其智商及情商的发育都比较全面。这主要是因为，愉快的家庭氛围能减轻男孩在学习和生活中的压力，还能够促进孩子大脑细胞的发育，并有利于培养他的交际能力。

如果父母们把欢声笑语带回家，那么，家就是一个令人快乐、放松身心的地方；反之，如果家长们把烦恼带回家，家庭则是一个让人消沉的地方。试想一下，有哪个孩子不愿意生活在愉快的家庭氛围中，而又有哪个孩子愿意生活在消沉的、处处充满危机的家庭中呢？

所以，既然已经为人父母，那么，就应该为自己的男孩营造一个温暖的堡垒，这是最基本的责任。

### 专家教你男孩怎么养

家长应当如何为男孩营造一个温馨的家庭环境？

第一，不要总是忙着工作而忽略陪自己的男孩，要知道男孩的童年其实很短暂，但生活中钱却是挣不完的。

第二，让你的男孩参与到家庭生活中来，给他权利来参与家庭中的各种事宜，如装修的颜色、要不要购买新的空调等。

第三，不要把烟酒放在孩子轻易能够碰到的地方，不要在家里饮酒打牌，闲来无事的时候，多和儿子说些有意义的事情，禁止说一些与他年龄不符的事情。

## 第14招

# 重视性别教育，别让男孩变成“娘娘腔”

我们都知道，男孩与女孩无论是行为上还是性格上都存在着一定的差异，就连喜欢的玩具也不同。男孩子大都喜欢车、手枪，而女孩子大都喜欢洋娃娃。很多家长认为孩子的这种性别差异是天生的，不需要父母教导，女孩长大后自然会成为温婉的淑女，而男孩长大了也会成为充满男子气概的男子汉。但事实是这样的吗？我们身边超过半数的家长都否定了这一说法。

有一个男孩叫辛辛，他刚出生的时候，他的父母特别想要一个女孩，于是就给辛辛穿小花裙子，像养女孩那样养辛辛。在不知不觉中，辛辛养成了很多小女生才有的习惯，说话细声细语，走路的时候还扭来扭去。

等到辛辛上小学后，一些不好的事情发生了，班上的同学都嘲笑辛辛是个娘娘腔，不喜欢和他做朋友，还经常用恶作剧整他，就这样，辛辛说什么也不去上学了。无奈之下，父母只好给辛辛转学，但转到新学校后，辛辛所遭遇的情况一点也没变，同学们依旧嘲笑他娘娘腔，不愿意和他交朋友，好多次，辛辛的父母看到辛辛躲在房间里哭。

事实上，辛辛所处的这种尴尬境地，完全是他的父母造成的。也许在男孩还小的时候父母意识不到，但事实上，错误的性别教育对男孩来讲简直就是噩梦。在这种错误性别教育中长大的男孩，会产生错误的性别定位，容易成为众人眼中的“娘娘腔”，而且就算男孩长大成人结婚建立自己的家庭，也会因为错误的定位而缺少责任感、使命感等男人应该具备的素质。

生活中，并非所有的家长都会给男孩灌输错误的性别知识，但有一种情况却是常见的，那就是在家庭生活中围绕在男孩身边的人都是女性，如姥姥、奶奶、姨妈等，让男孩缺少男子汉气概，最终也会导致男孩性别错位。

的确，目前很多家庭在教育男孩上还是由母亲一手掌控，而父亲则要么扮演沉默寡言的角色，要么充当笨手笨脚、可有可无的配角，或者干脆长期为了工作不在家，这对男孩的身心健康和智力发育都会产生相当大的不良影响。据研究，每天至少能接触父亲两个小时和一周都接触不到父亲5个小时的男孩相比，前者不仅智力发育得很好，而且人际关系也处理得更融洽。

## 给男孩父母的建议

男孩虽然外表比女孩硬朗、个头比女孩高大，但不正确的性别教育，却会让他们成为比女生还柔弱的娘娘腔，成为社会中的弱势群体。因此，家长一定要对男孩的性别教育给予高度的重视。

**方法一：从3岁起让男孩意识到自己的性别有别于女孩**

目前，越来越多的家长将男孩的性别教育放到青春期阶段，事实上，从男孩3岁起就应该对其进行性别教育。专家指出：“性别教育是对孩子进行性教育的基础，是孩子对自身了解的启蒙，所以，从小就开始对孩子进行科学的性别教育是非常必要的。”

男孩的性别意识大概从3岁后开始建立，而3～6岁是对男孩进行早期性别教育的关键时期，此时科学的性别教育有利于他们形成健全的人格，为他们青春期正确处理两性关系打下坚实的基础。

**方法二：爸爸应在日常生活中多陪自己的男孩玩耍**

家庭生活中，父亲与母亲扮演着不同的角色，母亲用母爱让自己的男孩明白什么是温柔，而父亲则用自己的行动告诉男孩什么是宽广的胸襟。由此可见，就教育男孩这件事儿来说，只有父母配合，各自发挥自己的优势，才能防止自己的男孩出现阴盛阳衰的现象。

具体来说，小男孩从小就多和父亲在一起玩耍，如由父亲带着学走路、学跑步或者等大一点后，由父亲带着去公园玩耍，这对男孩动作的发展、性格的形成都有很大的益处。

**方法三：对你的男孩“示弱”，激起他的男子气概**

沈涵今年8岁了，一般来讲，这个年纪的小男孩是最让妈妈费心的，但是沈涵的妈妈却省心很多。出门的时候，沈涵从来不用妈妈费心，妈妈也从来不会对着沈涵大喊大叫告诉他看车、慢点。相反，每次过马路的时候，沈涵都会主动拉着妈妈的手，对妈妈说：“我带你过马路。”到超市买东西后，沈涵也会主动接过妈妈手上的袋子，帮妈妈分担。

邻居们看到沈涵小小年纪竟然这么绅士，这么懂事，纷纷询问沈涵的妈妈是怎么做到的。每当这时候，沈涵的妈妈都会神秘地说：“因为我有一条特殊的教子方案，只要你在自己儿子面前‘示弱’，适时地告诉他，妈妈不记得回家的路了，你要带妈妈回家；妈妈的手没力气了，你要帮助妈妈，诸如此类，给小男子汉们发挥自己男子气概的机会，久而久之，他们就会变得很懂事，很绅士了！”

的确，生活中的大部分男孩都是吃软不吃硬的，你对他施加武力，也许他会害怕，但绝对不会在心里真正顺从你；但如果你向他“示弱”，他便会真心实意地听你的话。沈涵的妈妈无疑是聪明的，因为她抓住了男孩这一心理特点，从而把儿子打造成了很有“男人味”的“小绅士”。

所以，妈妈一定要把握好孩子的这一心理，并恰当地运用自己的女性角色，给孩子制造一些机会，让他“保护、照顾”你！

### 专家教你男孩怎么养

家长应当如何正确地引导男孩正视自己的性别特征？

第一，不要让你的男孩在女人堆里长大，多带他参加一些以男性为主的活动或聚会。

第二，鼓励你的男孩与其他的小伙伴一起去冒险、去挑战（当然要在确保安全的条件下）。

第三，可以陪男孩看一些英雄主义的硬汉类电影，并在看电影期间，有意识地告诉你的男孩：这就是男人，你长大也会成为那样有责任感的男人。

# 第15招

# 培养男孩需要指导、示范，而非惩罚

对于很多男孩家长来说，教育男孩最难的事情就是与男孩沟通。众所周知，男孩比女孩顽皮、好动，没耐心，想让他静下心来听自己讲话绝非一件容易的事情。那么，做父母的应该如何与自己的男孩进行沟通呢？

情景一：儿子回家后径直走到电脑前上网，没有做作业，父母发现后，没有给儿子任何解释的机会，也没有和儿子沟通，上去就是劈头盖脸的一顿骂，说儿子就知道玩，没出息……

情景二：儿子弄坏了家里的电视机，家长二话不说，上去就打儿子，还骂儿子是败家子，说后悔生了他之类的话。

…………

毫无疑问，生活中的大部分家长都把指责、批评、责骂，甚至拳脚当成了与男孩沟通的方式，结果常常不遂人愿——大部分男孩不但没有因此变得乖巧，反而越来越不听话。

那么，为什么男孩会越打越犟，越打越不听话呢？

儿童行为专家研究调查发现：如果一个男孩在犯错后经常遭到家长的责骂或者殴打，久而久之，就会形成一种自我适应能力，并逐渐地对家长所谓的教育方式持一种无所谓的态度。此时，若家长还不及时反思自己的行为，就很有可能让你的男孩越变越坏，甚至对你出手反击，而造成这一切后果的根源却在你，而非你的儿子。

事实上，当男孩调皮惹父母生气后，父母通过打骂男孩的手段来让自己消气，减轻自己心中的怒火，可父母有没有站在孩子的角度上想一想，你是消气了，可被你打骂的孩子呢？他们又是什么感受？下面就是男孩挨打后所表现出来的几种主要情绪：

“其实我知道，父母根本不爱我，他们只是把我当成出气筒，无论我做什么都是错，都打我。”

“有能耐你们就打死我，不然总有一天我要还回来。”

“你越打我，我越不会按照你的想法做！”

“等我长大了，我要做的第一件事儿，就是远离你们！”

如果你是男孩的父母，如果你经常用打骂的方式来教育儿子，那么，看到以上这些话，你会做何感想呢？

要知道，在打骂之下，孩子不会对自己的错误有丝毫的悔意，反而会对家长产生仇恨之情。于是，男孩们就越打越坏，而家长们则越坏越打……

## 给男孩父母的建议

做父母的，当你的男孩犯了错误的时候，你首先能想到的解决办法绝不应该是责罚与打骂，而是应当想如何与男孩沟通，帮助他们分析自己的错误，改正自己的错误。

很多父母看到这里不禁会感到疑惑：如果不打骂孩子，不就等于娇惯他们，那他们怎么才能意识到自己错了呢？其实，想让男孩认识到自己错了，及时改正自己的错误，很简单，父母们可以参照如下几点去做。

**方法一：让你的男孩自食恶果一次**

一个顽皮的小男孩对爸爸每天喝的治疗胃病的冲剂特别感兴趣，一天，他趁着家人没注意，拿起一包冲上水就要喝，这时男孩的姨妈看见了，就要上前阻止，却被男孩的妈妈给拦下了。果然小男孩刚喝了一口，就皱着眉头又吐了出来，而令人吃惊的是，下次当爸爸再喝冲剂的时候，小男孩竟然主动走过去递给爸爸一块糖，告诉他吃了糖就不难喝了。

如果你的男孩也像故事中的小男孩一样顽皮且不听大人的话，那么，你不妨在确保安全的情况下，让这些小家伙自食恶果一次。

**方法二：让你的男孩自己承担犯下的错误**

生活中，没有哪个成年男人在小的时候没有犯过错。但如果你的男孩每犯一次错都要挨打，那么，当男孩长大成人之后对童年的回忆无外乎家长的责骂和殴打了，相信这绝对不是做父母的想看到的结果。

事实证明，当男孩犯了错误后，光靠打骂是行不通的，那么，家长应该选择什么样的方式让男孩既认识到自己的错误又能心甘情愿地改正呢?

答案只有一个，那就是告诉他 :“敢作敢当，要对自己的行为负责。”

下面是曾热播的《家有儿女》中的一段情节 :

一天，男孩刘星和他的哥们儿在小区内踢足球，刘星不慎将邻居家的玻璃踢碎了。为了不被家长责罚，刘星选择了逃避，没想到晚上就被爸爸发现了。但是刘星的爸爸并没有责骂他，而是让他自己去承担责任，并与刘星协商，若是刘星自己赔邻居家的玻璃，他就不告诉妈妈，当然这样做的后果就是刘星要拿出整个月的零花钱去购买玻璃，并请安装工人帮邻居家替换损坏的玻璃。

为了不让好发脾气的妈妈知道，刘星还是答应第二天就去给邻居家换玻璃。

后来，妈妈在得知事情后问爸爸为什么不好好教训一下淘气的儿子时，爸爸却笑着说："这刘星，自己吃了苦头，踢碎了玻璃，搭进去一个月的零花钱，他下次绝对不会再犯了，相信我，这可比你打他一顿管用得多。"

也许很多家长也觉得上面的做法不错，但就是担心这样的小惩罚不足以让儿子认识到自己的错误，没有皮肉伤的痛苦来得深刻；其实，恰恰相反，所谓小惩大诫，才是家教的精髓，关键看结果。

**方法三：教育男孩，耐心很关键**

很多男孩的家长经常后悔当初怎么没生个女孩，主要是因为男孩太闹腾了，总是跑来跑去还不爱干净，和那些文静、有礼貌、爱干净的女孩比起来，他们自然喜欢那些小女孩了。但事实上，这些不也正是男孩有别于女孩的地方吗？

小男孩天性如此，父母能做的是给予他们多一些理解，并非打骂。要知道如果父母总是把责骂的话挂在嘴边，终日对他们进行指责，男孩的自尊心必然会受到伤害；而且，父母在他心中的印象也会大打折扣，他可能会认为父母并不爱他，甚至会对自己的父母产生敌对、仇恨的情绪。

**方法四：因事制宜，变换一些教育花样**

当你的男孩犯错误时，你总是一成不变地说教或者打骂，他势必会产生倦怠的心理。因此，做家长的，想要更好地教育自己的男孩，完全可以因事制宜，变换一些花样，尝试孩子能接受的各种方式。比如，当儿子做错某一件事时，你可以先简单把问题解决完；然后在闲暇时通过讲故事、做游戏等形式，结合看到、听到的事物对孩子阐明你的想法，告诉他做人做事的道理。要知道，在与父母处于对峙阶段时，很多男孩都不会主动承认错误，甚至拒绝承认错误，然而在事后，假若你耐心地教导，他们大都能坦然、真诚地接受，而且日后鲜会再犯类似的错误。

看到了吧，这就是所谓的教育艺术，做家长的如果想要发挥好这门艺术，首先应当尊重自己的儿子，要把孩子置于民主、自由、和谐的家庭环境中，让他勇敢地说出自己的想法，并予以有针对性地校正。

### 专家教你男孩怎么养

家长应当如何用正确的引导与示范代替单一的惩罚与打骂呢？

第一，认清事实，明确与孩子之间的关系并非附属的关系，而是平等的。

第二，在男孩犯错后，给男孩5分钟的时间自我辩护。

第三，平日里多与男孩相处，了解男孩的内心变化。

第四，不要总是把所有的道理一股脑说完，可以留一些在适当的时候再说，这样更有利于男孩消化与吸收。

## 第16招

# 培养男孩，父母要多商量、少命令

现实生活中，男孩的父母总能发现这样一个奇怪的现象：如果你告诉自己的儿子“你应该做什么”，那他不一定会那么做；但如果你告诉你的儿子“你觉得这样做如何？”时，他多半会乐意尝试。

由此，家长们也不难看出这样一个问题，那就是如果你想让男孩做一件事，最好的办法不是用命令的口吻说，而是用反问的口吻，把最终选择权留给男孩自己。国外的一位著名教育家曾说过：“在教育孩子的过程中，应当将命令放在最后一位，只有你面对孩子毫无办法的时候，才能使用命令这种教育方式。”

生活中，父母与男孩之间的沟通应该是建立在相互理解、尊重的基础之上的，如果你想让自己的男孩尽快懂事，那么，你首先要做到凡事都与他商量一下，这样不仅能够避免家庭中那些无谓的争吵，还能教你的男孩在日后的生活中学会如何与人相处。下面这个故事就是最好的说明：

李佳琪是一个13岁的男孩，平日里他就是一个非常淘气的男孩，经常会给父母惹出一些乱子来，如踢坏邻居家的玻璃，在学校弄坏别人的钢笔……

那天早上，李佳琪告诉妈妈，说自己晚上要去好朋友孟伟家里写作业，晚点再回家。但是妈妈却担心这两个淘气的孩子在一起，会不会又干出点什么让人担心的事儿来，担心李佳琪会不会把孟伟家弄得很乱，引起孟伟家人的反感。于是，李佳琪的妈妈决定在晚上的时候，主动给孟伟的家长打个电话，一来能够了解点儿子的情况，知道他在干什么；二来也权当给人家道个歉了。

正当李佳琪的妈妈准备拨号的时候，电话响了。接听后，竟然是孟伟妈妈打来的，电话里孟伟的妈妈把李佳琪好好地夸赞了一番，说李佳琪是个好孩子，还帮助他们收拾屋子，这些话让李佳琪的妈妈感到既欣喜又吃惊。

没一会儿，李佳琪回来了，妈妈把刚才孟伟妈妈说的话告诉了李佳琪，李佳琪有些不好意思地说："您和我说过，如果我以后对您提要求，就必须先让您高兴，这样子，我才有资格提出自己的要求。那么我去孟伟家里玩，就必须得先让孟伟的父母也高兴，于是我每次去都会帮着他们收拾房间。"

瞧！上文故事中男孩的妈妈并没有告诉自己的儿子到别人家后应该怎么做，但是儿子却从与妈妈日常的协商中学到了该如何做，如何处理人际关系，让对方喜欢自己。由此不难看出，父母与孩子协商的好处。可以不夸张地说，父母与孩子进行协商性的沟通，将成为男孩一种与人交往的特殊技能。

## 给男孩父母的建议

商量这件事，对于男孩的父母来说，往往是一件说起来容易做起来难的事情。要知道，商量不等于单纯地迁就，也不是一味地允诺男孩，而是与男孩之间建立平等的关系，并在此关系上尊重彼此的观点，从而对某件事达成一致。此外，商量也是家庭中民主的真正体现。那么，父母应该如何正确运用协商的教育方式来促进与儿子间的关系，从而让自己的男孩更健康地成长呢？

**方法一：把肯定句换成疑问句，用协商的口吻与你的男孩沟通**

情景一：小男孩王林因为留在班里值日，所以晚回家了一个小时。回家后，还不等他解释，就听到爸爸大声地说："干什么去了？这么晚回来，你这孩子怎么这么不听话？我告诉你，以后放学赶快给我滚回来，再有下次看我不打你！"

王林看着父亲，什么话也没说，拿着书包就跑回自己的房间，把门重重地关上。

情景二：男孩陈杰是王林的同班同学，和王林一天值日，同样也晚了一个小时回家。到家后，陈杰的妈妈边接过儿子的书包边用温和的语气说："怎么这么晚才回来，我和你爸爸都很担心你，刚刚差点就给你奶奶打电话了，以后不要这样子了好吗？"

"对不起妈妈，我今天值日，早上走的时候忘记告诉你了，以后有什么事儿我提前告诉你和爸爸一声。"

其实，事例中的两位家长所表达的意思是完全一致的，但所产生的结果却存在很大的差异，那么，究竟是什么导致同样的意思产生了两种不同的结果呢？

事实上，这就是协商的力量，生活中，家长用命令的口吻和自己的男孩沟通，很难让男孩心甘情愿地去改正自身的错误，也很难听到男孩的真正心声；而用商量的口吻与男孩沟通，则常常会事半功倍，令孩子心服口服。所以，当你想让自己的儿子做些什么事情的时候，不妨用商量代替命令。

**方法二：通过商量，矫正孩子的不良行为**

父母如果想要改掉男孩身上的坏毛病，用强制性的方法甚至是责罚肯定是行不通的。此时，父母不妨试着与孩子达成某种协议，比如"周末大扫除协议"之类的，以此来约束男孩的不良行为。

刘亮今年7岁了，每次和爸爸去超市的时候，刘亮都会买一大堆东西，如果爸爸觉得没用不让他买，那好办，他定会站在原地哭着一定要买，最后，爸爸还是会妥协。

刘亮的爸爸也意识到这样下去肯定不行，于是，决定不再娇惯孩子。从那以后的两个月，爸爸再也没有带刘亮去过超市。一天爸爸要出门，刘亮走过来问爸爸是不是要去超市，他也想去，爸爸则说："是去超市，但是不带你去。"

这个时候，刘亮就拉着爸爸的手，央求爸爸带上自己，甚至开始流眼泪，但爸爸下了决心说："你哭也没有用，我已经决定不带你去了，除非你遵守和我的约定。"

刘亮听到爸爸的话不哭了，马上问什么约定，于是爸爸又说："逛超市，你只能给自己买100块钱以内的东西，至于买什么你自己掂量，不准哭，不能花超过100块钱，否则从今往后我再也不带你去超市了！"

刘亮看了看爸爸，答应了。

在超市里，刘亮再没有看到什么就拿什么，而是拿起又放下，权衡好半天最后再选下要买的零食，几次下来，刘亮终于选好了自己的东西，而爸爸那边也选完了，两个人就结账去了。

出了超市，爸爸觉得今天刘亮真的很乖，于是就对刘亮说："你今天表现得真不错，以后继续维持，下次去超市我还带你去，不过你我之间的约定还是要继续，当然，我也会在去超市之前临时和你确认新约定，可以吧？"

刘亮高兴地点点头，表示同意。

这位爸爸的做法无疑是明智的，他通过巧妙的协商改变了自己儿子不听话的行为，又让儿子心甘情愿。的确，小男孩总是会向自己的父母提出这样或者那样的要求，即便这些要求很不合理，聪明的父母也不会当面一口拒绝自己的男孩，而是会与男孩进行协商，和男孩讲道理，让他慢慢地接受，并且认清自己要求的不合理性，最后让他心甘情愿地改正自己的错误。

**方法三：用商量化解生活中的争执**

家庭教育中，代沟是影响家长与孩子之间关系的麻烦问题，这些所谓的代沟问题大都是因为男孩与自己的父母因为一些观点和想法不同而发生争执所引起的，每当这时，大部分家长为了维护自己的威严，常常会把自己的一些观点强加给男孩，以此来压制男孩。但事实上，男孩们是绝对不会轻易妥协接受父母们的意见的，因为男孩也很看重自己的尊严，不希望被压制，这种心理对 12 ~ 16 岁的男孩来说尤为明显。

所以，聪明的父母大都会在这种情况下使用协商的手段与男孩进行沟通，让男孩感受到父母对他的尊重与理解，只有这样，父母与男孩间的沟通才能顺利进行。

**专家教你男孩怎么养**

生活中，男孩不喜欢被安排、压制，渴望得到父母的尊重与信任，希望父母能够给予他们足够的选择权，那么，家长应当如何引导男孩做出正确的选择呢？

第一，潜移默化地带领你的男孩辨别是非对错。

第二，用反问句或者疑问句代替肯定句，不要帮助你的男孩选择，而是把最终决定权留给你的男孩。

第三，事无巨细，凡事儿都和男孩商量一下，不要觉得没必要就忽略男孩的感受。

# 第 17 招

# 教育男孩的秘诀

## ——理解、宽容和表扬

不少父母感觉与自己的儿子相处是一件很有难度且费事儿的事情：男孩年纪大了会很叛逆、固执，不好教育，还常常跟自己对着干。于是，生活中我们常常听到一些男孩父母的抱怨：

“我 10 岁的儿子一点也不听话，常常惹我生气。”

“我的话，儿子一点也听不进去，他就是故意和我对着干。”

“儿子有了心事宁愿和网上的陌生人倾诉，也不愿意和我谈谈。”

“虽然我是儿子最亲密的人，但是我们之间却总有一些隔阂，这大概就是人们常常提起的‘代沟’吧。”

对于这些抱怨，父母们肯定不会无动于衷，迫切想改善与自己男孩的关系。不过，生活中，父母要想改善和儿子的关系，光自己想是不行的，还要弄清楚儿子是怎么想的，比如通过与他们交谈了解他们喜欢什么样的家长、喜欢什么样的沟通方式。

生活中，男孩主要希望自己的家长做到哪几方面呢?

· 给我足够的信任，不要动不动就怀疑我。

· 尊重我，真正地落实民主、平等。

· 理解我，不要只是嘴上说说，要了解我喜欢什么。

· 说的话要算数。

· 不要一回家就问我今天学了什么，而是多陪我玩，听我讲讲其他的事情。

· 允许我结交知心朋友，并且尊重我的朋友。

综上所述，父母肯定不难看出，男孩们其实非常渴望得到父母的信任、理解与尊重，他们希望家长把他们当作独立的个体来看待，并且给他们一定的自由和空间。其实，只要父母们在日常生活中稍加留心，对儿子多些关爱与理解，以上的要求还是很容易做到的。

## 给男孩父母的建议

生活中，男孩与女孩最显著的区别在于，女孩非常在乎与人之间的关系，尤其是和父母的关系，所以她们非常乖巧、听话。而男孩非常在乎自己的面子，如果家长对他们表示出不信任、不尊重，他们会认为自己失去了面子，从而会非常固执倔强地去和家长顶嘴、对着干。所以，在和男孩相处的时候，做父母的一定要考虑到这一点，尽量满足他们的自尊心，这样，亲子关系自然会得到升温。

**方法一：不要总是用怀疑的语气质问你的男孩**

如果做父母的不信任自己的孩子，孩子自然也不会完全信任父母。虽然这些道理我们大家都懂，但是生活中真正做到的父母却屈指可数：

情景一：13 岁的儿子杨振宁兴致勃勃地对爸爸说："爸爸，周末我要和几个同学去野营。"爸爸皱起眉头说："你们几个小孩子去荒郊野外多危险啊，不许去。"

情景二：一天，爸爸和妈妈要外出办事，留下儿子一个人在家里写作业。妈妈怕儿子偷着上网看电视，便每隔一个小时就给儿子打一个电话，问问他是不是在写作业，还骗孩子说自己马上就会到家，以警示孩子不要欺骗自己。

情景三：周末，儿子家明对爸爸说："我今天要去找同学一起写作业。"妈妈不相信儿子去同学家学习，就追问道："你真的是去写作业吗？不是去打篮球或者去玩电脑？"

通常情况下，父母对儿子的不信任源于以下两点：第一，出于对儿子的关爱，怕他们独自无法应付一些事情；第二，怕给他们太多的自由他们无法把握，光顾玩耍而影响了学习，甚至还会学坏。

虽然父母的这些不信任也是出于对儿子的爱，但是在男孩看来却并非如此。对男孩来说，家长的不信任是在怀疑他们的能力，甚至是在怀疑他们的品行，这让他们感到很不舒服，久而久之和父母的关系也会产生隔阂。

所以，父母们若要想让儿子信任自己，把自己当作知心朋友，首先应给予孩子足够的信任。当男孩觉得父母非常信任他们的时候，为了避免让信任他们的父母失望，他们反而会加强对自己的约束。

**方法二：不要把自己的兴趣当成是男孩的喜好**

很多男孩的家长都遇到过这样的情况：有时候男孩犯了错误，而男孩自己也认识到了错误，但是他们就是不认错，宁可接受家长的惩罚也不肯说"我错了"。为什么会出现这样的情况呢？这其实就是男孩的自尊心在作祟，他们宁可接受惩罚，也要维护自己的自尊心。

古冯今年13岁，他总是觉得爸爸不尊重自己，因为几乎所有的事情都是爸爸自己做主。对此，他抱怨道："暑假报补习班，爸爸在没有询问我兴趣爱好的前提下，给我选择了钢琴；除此之外，爸爸每次出差都会给我带一些衣服，但是那些款式都不是我喜欢的，爸爸也从来没有问过我喜欢什么款式，只是要求我穿上。这让我难过极了，我感觉爸爸根本就不了解我。渐渐地，我也就不愿意和爸爸多接触了，他给我什么我就拿什么，然后再放在一边。其实，我并不是真的想和他过不去，要气他，只是希望他能够尊重一下我的选择，问问我究竟喜欢什么。和我商量一下难道很难吗？”

所以，在和男孩相处时，父母们一定要尊重他们，友好、平等地对待他们，即便是他们犯了错误，父母们也不应伤害他们的自尊心。

**方法三：理解孩子，陪他一起看小说、听音乐**

生活中不少父母都抱怨自己和孩子之间存在代沟：自己感兴趣的事情孩子一点也不喜欢，而孩子感兴趣的事情自己又一点也不了解。正是因为代沟的存在，很多家长竭尽全力想和孩子搞好关系，但又往往弄巧成拙。

其实代沟并非“鸿沟”，只要父母多理解孩子，多站在孩子的角度上思考问题，就可以轻而易举地将代沟跨越过去。

下面是一位父亲的育子经验：

我和儿子的兴趣点完全不同，我喜欢听钢琴曲，他喜欢听周杰伦、蔡依林；我喜欢看《平凡的世界》，他喜欢读一些魔幻小说；我没事儿的时候会弹弹钢琴、练练书法，而他则喜欢唱歌跳舞、打电动。开始的时候，我总是想把自己的爱好“推销”给儿子，并且告诉他多么多么有趣，但是儿子一点兴趣也没有，还讥笑我老土。后来我开始向儿子“看齐”，和他一起打电动，一起听摇滚乐。慢慢地，我们有了共同的语言，关系更加亲密了。而且让我更为高兴的是，我和儿子成为知心朋友后，儿子也开始对我的爱好感兴趣了，前些天还和我一起学弹钢琴。

我们的孩子和我们生活在不同的时代，他们比我更年轻，接触到的新事物更多，因此，他们的兴趣爱好不可能和我们一样。所以，身为父母的我们应该理解他们，不应该把自己的喜好强加给孩子，而是应该主动向他们看齐，这样一来，我们就可以轻易跨越代沟，从而让亲子关系更加和谐。

### 专家教你男孩怎么养

家长应当如何做到理解、宽容与表扬，以此来升温与儿子之间的亲子关系？

第一，换位法，多站在儿子的角度上思考问题。

第二，反问法，多用反问句的形式与儿子沟通，不要强制男孩按照自己的意愿生活。

第三，认同法，陪孩子一起做他们喜欢的事情，让孩子感受到家长的理解与认同。

# 第三章

# 品格塑造，让男孩从小堂堂正正做人

责任感，是男孩立足于社会的基础；

乐观，是男孩面对生活逆境的法宝；

坚强，是男孩通往成功路上的助力；

…………

任何一种好的品行、习惯，都可以照耀男孩的一生！

## 第18招

# 自信

## ——永远都明白自己的核心优势

哈佛大学著名的心理学教授罗森塔尔和他的助手做过这样一个实验：

他们来到一所美国普通的小学里，在学生中进行了一次煞有其事的“发展预测”。然后，他们以欣赏、赞美的口吻将有优异发展可能的学生名单交给了相关的班主任。几个月后，他们再次回到这所学校进行复试，奇迹出现了：名单上的学生，成绩都有了显著进步，而且更为开朗、活泼；求知欲望也更强，经常向老师提问题，敢于发表意见。

这个实验充分说明了自信心的奇妙之处。事实上，他们提供的名单纯粹是随机抽取的，显然是假的。但这个美丽的谎言增加了孩子们的自信心，让孩子知道自己就是最好、最有能力的，才会去努力学习，去做好每一件事情。所以，身为父母，应当明白正确认识自信心的价值和重要性，这对取得家庭教育的成功意义非凡。

随着孩子与外界接触的机会越来越多，使得他们自我意识产生较早，尤其是男孩，非常留意别人对自己的看法。当他们感觉到周围的人包括父母爱他并欣赏他时，他就会觉得自己是个大人了，做任何事情都会信心十足。然而，中国传统文化信奉的是“不怕人笑话，就怕自己夸”——因为怕孩子骄傲，就一味割去所谓的翘起的尾巴；

经常在别人面前数落自己的孩子，用他们的缺点与别人的优点比较，导致孩子们丧失了自信心，缺乏进取的动力，失去了学习的兴趣。

小军的妈妈对他要求从小就特别严格，每门功课都要求他在95分以上，另外，还给他报了很多课外辅导班。小军很聪明，自上学以来成绩在班里都是名列前茅，可是他的妈妈却总是不满意。一次奥数考试小军得了80分，是全班最高分，得到了老师的表扬。放学后，小军很兴奋地把这件事告诉了妈妈，可妈妈却板着脸说："才得了80分还这么高兴，邻居李阿姨的女儿每次奥数都拿100分呢，怎么你每次都拿不到满分呢！"小军听了妈妈的话很难过，以后成绩也开始下滑，而妈妈打击他的话也越来越多了。在这样的恶性循环下，小军终于在初中时退了学。

培尔辛曾说过："除了人格以外，人生最大的损失，莫过于失掉自信心了。"从上面我们也可以看出来，如果一个孩子丧失自信心，后果会有多严重。这就要求父母们不要吹毛求疵，不要经常数落孩子，这容易导致他们对自己的能力产生怀疑，最终让他们觉得自己是个被人嫌弃毫无价值的人，因而产生自卑心理。

## 给男孩父母的建议

自信是孩子成长过程中的精神核心，是促使孩子面对困难、努力完成自己目标的动力。同时，自信也是培养男子汉的第一要诀。现在许多成绩不理想、性格孤僻的孩子缺乏的往往就是自信，那么怎样才能使他们拥有自信呢？

**方法一：培养男孩健康的心态**

刘勇小时候因为一场大病变成了口吃，他很自卑，也很胆怯，甚至不敢在陌生人面前说话。生病前，他曾梦想当一位演说家或是主持人，这场病让他的梦想彻底破灭了。

因为口吃，他很少和同学们交流，也没什么朋友。时间长了，他的口吃越来越严重。后来，他的爸爸发现了事情的严重性，就常常鼓励他："儿子，虽然你有口吃，可是你不觉得你的嗓音和感染力都非常好吗？这样好的天分放弃了梦想岂不是可惜？"就这样，刘勇在爸爸的鼓励下又重新找回了自信，找回了自己当初的梦想。以后每次遇到困难的时候，他都对自己说"我能行，并且我很有天分"。最终，通过数年的勤学苦练，他终于克服了口吃，并出人意料地考入了广播学院，完成了他当主持人梦想的关键一步。

家庭是男孩性格形成的第一个"染缸"，父母是塑造他人格的第一任老师。如果父母能以阳光、乐观的心态去鼓励孩子，让他看到自己身上闪光的地方。那么，即使这个孩子的天分并不算好，也会有成功的一天。

**方法二：恰当地表扬你的男孩**

赞扬和鼓励是一种无形的力量，它能增加男孩的自信，让男孩有勇气克服一切困难。父母要善于发现男孩的进步，并向男孩表达自己的赏识和欣慰。有时候，父母对男孩的信心，会转化为男孩内心的自我激励意识，不断地督促他们前进。

美国成功学的创始人拿破仑·希尔博士小时候，所有人都认为他是一个坏孩子，家人和邻居甚至认为他是一个应该下地狱的人。无论发生了什么破坏性的事情，大家都理所当然地认为是拿破仑·希尔干的。长此以往，拿破仑·希尔也就破罐子破摔了。他的母亲过世后，他的继母走进了他的家庭，当父亲介绍拿破仑·希尔时说："这就是拿破仑·希尔，是希尔兄弟中最坏的一个。"此时，他的继母却亲切友善地说："不，你错了，他完全不是坏孩子，恰恰相反，他是这些孩子中最聪明伶俐的一个，而我们所要做的就是把他所有的内在潜力都激发出来。"这句话被拿破仑·希尔牢牢地记在了心中。此后，在继母的赞赏和鼓励下，拿破仑·希尔开始改正自己的缺点，并发奋学习。最终他成了一个全新的拿破仑·希尔——美国成功学的创始人！

当男孩受到周围人的赞赏时，他就会觉得自己真行，真的有能力，往往会有超常的发挥。有一位哲学家曾经这样表述自信的力量，他说："当你有了天才的感觉，你就会成为天才。当你有了英雄的感觉，你就会成为英雄。"

**专家教你男孩怎么养**

为了不伤到男孩的自信心，父母应该注意些什么呢？

第一，父母不要在孩子面前拿他和亲友、邻居的孩子做比较，这只会引起他们反感，甚至让他们变得自卑。

第二，不要吝啬赞美孩子，哪怕他只取得了一点点进步。

第三，不要因一时气愤而丧失理智，口不择言地训斥孩子。

## 第19招

# 涵养

## ——为男孩贴上“绅士”的标签

生活中，那些拥有绅士风度的男人大都举止大方得体、有修养。当然，这里的绅士不是指什么身份，而是指具有绅士的言行、内涵。而一个具有绅士风度的男人也必定会成为受人欢迎的成功男人。

那么，男人如何才能拥有绅士风度呢？答案很简单，当他们还是男孩的时候，积极地培养、教育他们，而这责任显而易见就落到了家长的身上。

一位母亲去外地拜访朋友。朋友带着他6岁的儿子到车站去接她。刚一见面，朋友就把她的旅行包接了过去，交给了他的儿子，说：“大宝，你长大了，来做个绅士吧。”于是，个子矮矮的小孩子就一路拖着她的旅行包一直到家门口。

这位母亲很惊讶，为什么要让这么小的孩子拿东西呢？可是小男孩却充满了自豪感，因为他认为男人给女人拎包是正常的，虽然自己还是个男孩。

生活中，没有人会不喜欢这样一个可爱、懂事的男孩。这样一个从小就彬彬有礼，有男子气概的孩子，长大之后也一定会成为一个真正的绅士。

无数的事例证明，那些谦恭有礼、谈吐高雅，具有绅士风度的男性在社会中更易受人欢迎，人际关系也往往更好，他们也因此更容易获得成功。但是，父母们要明白：修养和绅士风度都是要从小培养的，不是一蹴而就的。犹如农民种地一样，没有春天的拔草去虫、精心呵护是不会等到秋天的果实的。所以，父母要从小培养孩子的道德与修养，为他以后的人生铺平道路。

## 给男孩父母的建议

对男孩的气质、修养产生不良影响的习惯有很多，比如粗暴的性情、抢别人的东西、随意打断别人的谈话、欺负女生等。对此，父母应当从以下几个方面入手，来培养孩子的绅士风度。

**方法一：教导你的男孩保护弱者**

对那些强壮的人来说，他们的力量是用来保护和帮助弱者的，而不是欺压弱者的，让孩子深刻理解这一点很重要。父母要教导你的男孩除了不许打架之外，还要学会保护弱者。

有个名叫小飞的孩子，他的成绩很好。不过因为身体瘦弱，性格也比较内向，在学校里，个头高大的同学总是欺负他。后来，他们班的小健看不过去，每次都出手相助，还极富正义感地对全班同学发出了警告：如果谁再欺负小飞他就去告诉老师、告诉家长。最后，他不仅和小飞成了好朋友，还赢得了所有人的称赞。

身为家长，一定要教导孩子有正义感，有保护弱者的精神。这样，才能让你的男孩在以后的人生中受人尊敬，成为一个真正的绅士。

**方法二：教男孩关注别人的需要**

作为一个有绅士风度的男子汉首先要做的就是关注别人的需要，帮助别人。这就要求父母更加细心地去指导你的男孩：在公交车或地铁上，给老人或者抱着小孩的人让座；早上上学时，要主动和同学们打招呼；过马路时，搀扶盲人让他安全过去；去朋友家做客要带礼物；上车时，要请女士先上；主动帮助老师擦黑板；照顾生病了的同学……

**方法三：以身作则，教导你的男孩使用礼貌用语**

教导你的男孩学会使用“谢谢”“对不起”“请”等礼貌用语是相当重要的，也是孩子成长为一个绅士最重要的一项。

一位母亲曾经这样介绍她教育孩子懂礼貌的经验：

当我第一次从儿子口中听到“滚开”两个字时，我震惊了。我觉得我有必要对我的教育方式检讨了，所以，之后我和孩子的爸爸都格外注意自己的言行举止。在生活中我们尽可能地使用“谢谢”“对不起”“请”等礼貌用语来表达我们的感受。

更重要的是，现在每当我给儿子洗袜子的时候，他都会很主动地跑来对我说：“谢谢妈妈！”果然，没过多久，我就听到儿子这样对我说：“妈妈，帮我系一下鞋带好吗？”而以前他总是这样对我大喊大叫：“妈妈，快来帮我系鞋带！”

儿童教育家孙敬修曾说过：“孩子的眼睛是录像机，孩子的耳朵是录音机，孩子的头脑是计算机。”孩子的模仿性、可塑性都是最强的，如果父母能提高自身修养、彬彬有礼，孩子也会潜移默化地受到影响，变得温文尔雅。

**专家教你男孩怎么养**

如何让你的小男子汉越来越有绅士风度呢？

第一，讲究仪容、服装整洁，切忌粗俗邋遢。

第二，言行举止彬彬有礼，礼貌待人，不随意侮辱别人。

第三，真诚、不撒谎，勇于承担责任。

第四，坚持女士优先的原则。

## 第 20 招

# 坚强

## ——打造永不言败的男孩

坚强是一种可贵的品质，它能让男孩不畏惧困难，在任何挫折面前都不低头，并且取得最后的胜利。

现实生活中，小男孩往往比小女孩显得更坚强，抗挫能力也更强。但是近年来，因为家长的过分娇惯，很多小男孩不仅没有成为“小小男子汉”，反而成了“鼻涕虫”，动不动就哭鼻子，连一点挫折也无法承受。

情景一：王孟今年 8 岁了，因为家庭条件很好，所以，王孟每天上下学都是爸爸开车接送的。有一天爸爸因为开会晚了，没能去接王孟，就让王孟坐公交车回家，结果王孟在上车的时候不小心滑倒了，他就一直哭到家。到了家之后，他就对妈妈说，以后爸爸不开车接送他就再也不上学去了，说公交车很脏而且还把他摔倒了。妈妈看着儿子的样子，就劝儿子说：“其实，你习惯一下就好了，你们班上好多同学不都是坐公交车上下学吗？而且我和你爸爸最近工作都很忙，我还在考虑你现在也大了，以后都让你坐公交车上下学呢。”王孟一听妈妈的话，二话没说就又开始哭了，喊着：“我不要坐公交车，我害怕，那里有好多人，我都摔倒了，爸爸妈妈不爱我了，我害怕……”

情景二：王泽是一个 13 岁的小男生，暑假的时候，王泽央求爸爸给自己报名参加了跆拳道训练班。结果，王泽刚去一周就不去了，爸爸询问王泽为什么不去了，王泽说太累了，他腿都踢肿了……

由此我们不难看出，现在的小男孩大都比较欠缺坚强的意志。男孩总要长大成人，如果他们非常软弱并且一点抗挫能力都没有，就不能承担责任，也不会成为顶天立地的男子汉。

## 给男孩父母的建议

事实证明，那些遇到困难不低头、不服输的男孩，长大后大都会有所成就，取得人生和事业上的成功，并肩负起男人应该承担的责任。

### 方法一：给男孩积极的暗示，鼓励他们要做一个坚强的小男子汉

幼儿园有两个小男孩先后摔倒了。第一个男孩摔倒的时候，幼儿园的老师赶忙跑过来急切地说："很疼吧，快过来老师帮你看看。"小男孩"哇"的一声哭了起来。

另一个男孩看到前面摔倒的男孩哭了起来，自己也咧开了嘴。这个时候，另一个老师走了过来，她蹲在这个小男孩的身边，对小男孩说："老师知道你是一个坚强勇敢的小男孩，来，站起来，老师带你去那边玩好不好？"这个小男孩听老师一说，真的从地上爬起来了，若无其事地和老师去另一边玩了。

幼儿园老师对孩子的不同暗示所起到的作用不同，同样，家长在教育男孩的时候，如果对他们多加鼓励，有利于培养男孩坚强的性格；反之，如果家长总是传给孩子消极的暗示，会让他们变得更加脆弱、消极。

**方法二：培养男孩抵抗挫折、困难的能力**

生活中，我们判断一个男孩是否具有坚强的性格，只要看他在遇到挫折和困难时的表现就行了。那些软弱的男孩，一遇到困难和挫折就低头，就绕着走；而一个坚强的男孩会和苦难挫折斗争到底，并且取得最后的胜利。

一位母亲曾经谈到这样的教子经验，很值得我们借鉴：

我儿子今年13岁了，他从小就是那种很听话的孩子，学习成绩也很好，但是随着他年龄的增长，我越来越发现，儿子欠缺抗挫能力：一遇到困难，他不是逃避就是放弃，表现得非常软弱。于是，我决心培养儿子的抗挫能力，给儿子报名参加了暑期轮滑训练班。

轮滑课刚开始的时候，儿子显得非常兴奋，也很认真，但是刚过去一周的时间，儿子就说自己不想学了，说怎么学也学不会，每天都摔倒。

我知道，儿子又要准备放弃了，于是我鼓励儿子说："所有滑得好的人都是从这步走过来的，你现在才学一周，已经滑得很好了，很多人还赶不上呢！"

"真的？你说我能学好？"儿子半信半疑地看着我。

"当然，我的儿子一定能克服这些问题的，对不对？"

"对！妈妈，我一定能学会的。"儿子听了我的话，倍受鼓舞地说。

随后的一段时间，儿子越滑越好，终于学会了轮滑，还在训练班的比赛中拿了很好的名次。

故事中母亲的做法非常明智，家长们也不妨借鉴一下：

首先，要引导男孩正视挫折。做家长的一定要让男孩知道，挫折并不可怕，相反它是一个人前进中不可缺少的推动力；只有敢于正视生活中的挫折和困难，最后才能取得成功。

另外，要多给男孩一些鼓励。男孩小的时候，一遇到挫折就会退缩，这是很正常的事情，这个时候，家长应多鼓励、安慰自己的男孩，这样，他的自信心很快就恢复了，从而再次投入“战斗”中去。

### 专家教你男孩怎么养

家长应当如何培养男孩坚强的性格？

第一，切忌温室养“小草”，家长不要给男孩太多溺爱，事实证明，溺爱的男孩大都欠缺坚强的个性。

第二，多带男孩去体验生活，男孩会遇到很多困难，这些困难也会磨炼男孩形成坚强的性格。

第三，多给男孩一些积极的暗示，让他相信自己就是一个坚强的男孩，可以克服遇到的任何困难。

## 第21招

# 乐观

## ——培养男孩积极的生活态度

乐观是一种积极的生活态度。和女孩相比，男孩对待事物的心态会更乐观一些，如果男孩能够一直用乐观的态度对待生活，那么他的未来就会充满阳光。

每个父母都希望自己的男孩能够拥有乐观开朗的个性。然而，现实生活中，有很多男孩却习惯用悲观的眼光看待这个世界：一次考试没考好，就认为从此之后都不会考好；让他们分析问题，他们最先看到不好的一面……

事实证明，情绪对男孩的健康成长非常重要。乐观的人内心充满光明和希望，所以他们总能够保持心情上的愉悦，在人生中也能够获得更多的幸福和快乐；而悲观的人认为好事总是暂时的，坏事才是必然的，所以常常会感到悲观、失望，不仅在事业上很难取得成功，在人生中更难得到幸福和快乐。

陈庆今年12岁，虽然年岁不大，却整天都唉声叹气的。上学的时候，他抱怨公交车来得太晚；放学的时候，他又抱怨老师布置的作业太多。前些天学校要进行期中考试，他本来复习得不错，但是当妈妈问他能不能考好时，他却叹了口气说："我也不知道！"妈妈决定带着他出去散散心，他又担心要是下雨怎么办、不下雨的话天太热怎么办……

也许有家长不明白，为什么充满冒险精神、对自己充满自信的男孩也会成为悲观者呢？心理学家研究发现，悲观情绪的产生和孩子接触的环境以及教育方式有关：如果家长是一个乐观的人，那么孩子也会看到生活中积极阳光的一面；如果家长常常用悲观的态度对待生活，那么孩子也会“传染”上悲观的情绪。

## 给男孩父母的建议

对于男孩来说，乐观是他们获得成功的催化剂。乐观的男孩心中充满希望和阳光，即使在遭遇挫折和坎坷的时候，他们也会坚信这种状况很快就会改变，并且勇往直前地去和挫折做斗争，直到把挫折打败。

**方法一：以身作则，做男孩快乐的榜样**

陈路的爸爸是一家大公司的销售主管，每天都有忙不完的工作，有时候因为工作不力还会受到上面老总的批评。每次下班回家，他都会向妻子抱怨说：“每天都有忙不完的工作，活着真是太累了。”有时候还会说：“今天又被老板批评了，明明就是我手下的人不争气，怎么总是怪到我的头上呢？”

受到爸爸的影响，陈路也学会了唉声叹气，每次写作业的时候都会说：“每天这么多的作业，我都快累死了，活着真累啊。”

父母的情绪很容易感染孩子，很多时候，就是日常生活中一句随口而出的话。例如，早上起床，看到窗外下雪了，就随口说：“这天气真该死，又下雪了！”就是这样一句普通的话语，就会让男孩产生悲观、消极的念头。

但是如果家长乐观一点对待下雪的天气，结果便会大不相同，如家长这样说：“太好了，下雪了，雪花真美啊！”这时，家长就会给男孩一个乐观的暗示：下雪是一件很美好的事情。

男孩的个性以及对待生活的态度，就是这样在父母的影响下一点一滴培养起来的。如果父母用悲观的态度对待生活，久而久之，男孩自然看不到生活的光明的一面了；如果父母总能在困境中看到希望，凡事都乐观以对，那再大的困难在男孩看来都是微不足道的。

**方法二：鼓励你的男孩多结交好朋友**

细心的家长都会发现这样一个问题：越是那些孤僻、没有朋友、对任何事都缺乏兴趣的孩子越容易成为悲观的人。为什么会这样呢？道理其实很简单，试想一下，如果一个孩子只喜欢看电视，而那一天又恰恰没有他喜欢看的电视节目，他就会烦躁、闷闷不乐，从而出现一些消极的情绪。而如果一个孩子兴趣广泛，并且有很多朋友，他在没有自己喜欢看的电视节目的时候就可以看看书、听听歌，还可以和朋友打打球、玩玩游戏。这样，他就不会变得非常悲观。所以，我们应该广泛培养男孩的兴趣，并且鼓励他们多交朋友。

**方法三：告诉你的男孩不要为掉在地上的冰激凌哭泣**

小男孩乐乐拿着一个冰激凌高兴地吃着，突然一不小心，整个冰激凌都掉在了地上，男孩看着地上的冰激凌，难过地哭了起来。这时，在一旁的爸爸走过来，蹲在乐乐的身边说：“儿子，冰激凌已经掉在地上了，你哭它也不可能回到手上啊，还不如擦干眼泪，我们再去买一只，而且我相信，那只肯定比这只好吃，你说呢？”

儿子点点头，擦干脸上的眼泪。

“等你长大后，你就会知道，生活有的时候就像是掉在地上的冰激凌，你能做的绝不是看着它哭。”

如果家长这样教育男孩，你的男孩必定在任何事情上都能找到乐趣，成为一个积极乐观的男孩。

而当积极乐观成为男孩性格中的一部分时，再大的苦难、不幸、失败摆在他面前，他都能勇敢地去面对，并乐于享受其中的过程。

**方法四：让你的男孩拥有宽松的生活空间**

这里所说的“宽”，是指对儿子的管理方面。试想一下，如果我们对儿子事事都管，控制得特别严格，儿子就仿佛笼中的小鸟一般，很难高兴起来。所以，我们应该为孩子打造一个宽松的环境，在穿衣、吃饭、看电视、玩游戏等方面多给他们一些自由，这样，他们才会得到更多的快乐，人也会变得乐观开朗。

但是，我们在物质生活方面不能够太娇惯我们的孩子，这样，他们才会常常感到满足并且能够得到更多的快乐，从而变得活泼开朗起来。

**专家教你男孩怎么养**

生活中，家长们应当如何培养男孩养成乐观的生活态度？

第一，在儿子面前多笑。家长的言行影响着男孩的言行，如果家长总是以乐观的生活态度出现在男孩面前，那么，男孩自然也容易养成乐观的心态。

第二，教育你的男孩正确对待生活中的得失。

第三，不要总是板着脸严厉地对待你的儿子，相反，应当多让男孩看到你温柔的一面。

第22招

# 谦虚

## ——令男孩不断进步的“秘宝”

男孩不仅好胜心强，而且非常爱表现自己，因此，当这些小男孩取得一点成绩后，就很容易产生骄傲自大的情绪。

有些男孩因为一次考了好成绩，便不再认真努力学习；有些男孩被选为班干部，就目中无人，甚至连自己的父母都看不起；还有一些男生，觉得自己有些特长，就四处炫耀，不但没有继续努力发展自己的特长，还把自己的特长当成哗众取宠的工具。

晨晨是一个非常有才华的小男孩，才12岁就已经学会了三门乐器，因此，晨晨从小就立志要做一个音乐家。可是他没继续努力脚踏实地地练习，而是成天想入非非，幻想着自己能够像电视里的小明星那般闪耀。再加上身边的朋友和大人都夸耀他有才华，渐渐地，晨晨变得骄傲、自以为是。

晨晨开始讨厌学习，他认为书上的知识他已经都会了，同时他也不想再练习别人编出来的曲子，而是要自己创作。渐渐地，他连自己的音乐辅导老师也瞧不上了。从此，晨晨的成绩一路下滑。

“谦受益，满招损”，骄傲自满是一种不良的心理状态，如果家长们不给予足够的重视，它会将你的男孩一点点拉向失败的深渊。

骄傲自大的男孩常常在自己的周围建起一道无形的城墙，与外界隔离，这使他们的心胸、思想变得狭隘。

骄傲自大的男孩或许能够取得一点成绩，但往往没有远大的理想，常常满足于眼前的成就；并且，他们看不起别人的成绩，只会“坐井观天”。

阿亮今年12岁，上小学六年级。阿亮的作文写得非常出色，几乎每篇都被老师当作范文来读。老师也经常在班上说：“阿亮的作文简直比初中生写的还要好，你们要向他学习。”因为常常受到老师的表扬，阿亮非常得意，有时候同学向他请教如何写作文，他会非常不屑地说：“连作文都写不好，真是太笨了。”以前他非常爱看作文书，到后来他感觉作文书上的文章也不如自己写得好，就渐渐不看了。慢慢地，他的作文不像以前有灵性了，也没有以前写得好了。

从上面这个事例中可以看出，骄傲自满会阻碍孩子的进步，是他们前进道路上的大敌。所以，我们就要从小培养儿子谦虚的品质，让他们成为一个谦虚的人。

## 给男孩父母的建议

当你的男孩露出骄傲的苗头时，父母一定要及时想办法让你的男孩意识到骄傲的害处，培养他养成谦虚的美德。

**方法一：帮助男孩正视自己**

在上面我们讲过，很多孩子产生骄傲自满的情绪是因为他们感觉自己在某方面强过别人。所以，家长应该让孩子全面地认识自己，让他们既看到自己的优点，也看到自己的缺点。

此外，家长还要让孩子明白“天外有天，人外有人”，而不是让他们局囿在一个小团体里面洋洋自得。当孩子能够正确衡量和看待自己的时候，他们就不会产生骄傲自满的情绪了。

**方法二：让男孩认识到骄傲的危害**

杨晓帆的学习成绩非常好，最近一次考试，他更是考了全班第一名。这让杨晓帆非常得意，看到亲戚朋友就炫耀自己的成绩，也不努力学习了。等到了期中考试，他的学习成绩一下子倒退了十几名。爸爸对他说："儿子，你知道这次为什么没考好吗？是因为你骄傲了。以前你总是踏踏实实地学习，而最近你老是炫耀自己的成绩，以博得夸奖。所以，你这次考试会下滑这么多名。"爸爸顿了顿接着说："以后你一定要保持谦虚，这样才能不断地获得进步。"杨晓帆点了点头说："爸爸我知道，我以后再也不向大家炫耀自己的成绩了。"

所以，我们要让儿子充分认识到骄傲的危害，这样，他们才会控制自己的情绪，不让骄傲自满在自己心中滋生。

**方法三：为男孩做谦虚的榜样**

有些家长由于自身条件比较优越，经常会在自己男孩的面前对他人评头论足，说他人不如自己等。男孩听到这些话，也会模仿家长的做法，只看到自己的长处，嘲笑别人的短处。因此，家长如果想让自己的男孩成为受人欢迎的谦虚的人，首先应为他做出良好的表率。

**专家教你男孩怎么养**

父母们应如何正确引导自负男孩养成谦虚的品德呢？

第一，夸奖男孩要适度，不要总是赞美你的儿子，即便他很优秀，也得适度。

第二，以身作则，让他看到家长谦虚的态度，从而潜移默化地帮助男孩改掉自负的坏习惯。

第23招

# 宽容

## ——让男孩拥有广阔的胸襟

莎士比亚说：“宽容就像天上的细雨，滋润着大地。它赐福于宽容的人，也赐福于被宽容的人。我们应该学会对别人宽容。”宽容是一种仁爱的光芒、无上的福分，是对别人的释怀，也是对自己的善待。

生活中，父母都希望把自己的男孩培养成为一个心胸宽广、有担当的男子汉。而达到这个目的最重要的一项就是教会男孩宽容。因为孩子只有学会宽容别人，才能善待自己，轻松自如地面对自己的人生。

所以，作为男孩的父母，一定要做好正确的引导，使男孩具有健康的心态和容人的胸襟，从而使他们拥有快乐的人生。

### 给男孩父母的建议

孩子的宽容心是一种非常珍贵的情感，这种情感对于孩子秉性人格的健康发展，以及以后良好人际关系的建立都有着非常重要的意义。富有宽容心的孩子往往性情随和、心地善良、招人喜爱、受人拥护，而缺乏宽容心的孩子往往性情乖戾，易走极端，不易与人亲近，因而朋友也较少，人际关系比较差。

那么，父母怎样教育男孩有一颗宽容之心呢？

**方法一：教男孩学会换位思考**

如果产生矛盾时，双方能够站在对方的立场思考问题，那么，就会减少很多不必要的矛盾。所以，学会换位思考可以让他们快速地成长为一个心胸广阔的男子汉，为他们以后的人生铺平道路。

小龙是家里的独子，从小被爷爷奶奶宠着，养成了得理不饶人、自以为是的性格。这一天，爸爸新给他买了一本漫画，他一下课就翻出漫画高兴地看起来。不巧，同桌起身时不小心把墨水瓶碰翻，墨水洒到了漫画上，把一本精美的漫画溅得脏兮兮的。小龙很生气，不但让同桌赔他的漫画，还把这件事告诉了老师。结果，同桌被老师批评了一顿。

爸爸知道了这件事情之后，虽然不高兴但是并没说什么。而是等到晚上吃饭，小龙又像往常一样把饭洒在了地上的时候，父亲开始冲他大喊："你是怎么搞的，总是这么浪费粮食，弄的哪里都是，今天晚上不准吃饭了！"

小龙看到父亲真的生气了，吓得哭了起来："我不是故意的。"

这时，父亲的脸色温和了下来，走到他身边说："我们都有不小心犯错误的时候，你现在应该明白，因为自己无心的错误而不被原谅的滋味了，是很委屈很不舒服的。就像你的同桌一样，我想他也不是故意要弄脏你的漫画的，还被老师批评了。这样他也会很伤心的。你说是吗？"

小龙这时已经羞愧地低下了头。

有时，因为孩子还小，根本不明白自己的不宽容会给别人带来怎样的伤害。这时，作为父母，只有让孩子亲身感受过，他们才会懂得宽容的重要性。

**方法二：理智对待男孩与朋友间的矛盾**

上学以后，来自不同家庭、有着不同生活习惯的同学在一起学习，一起游戏，难免会发生一些摩擦，这时，父母只有用宽容、理解、大而化之的态度处理才是上策。

例如，男孩与朋友为一个玩具发生冲突或是动手打架了，有的父母硬生生地拉走自己的孩子，不让他和朋友玩了；有的直接把对方手里的玩具夺过来或者哄着对方把玩具拿过来给自己的孩子；还有的看对方父母不在场就指责对方等等，这些粗鲁的处理方式会助长孩子以自己为中心，任性自私、蛮不讲理、仗势欺人的心理。其实，作为家长，这时候最该做的是教会孩子自己解决矛盾，不要自以为是地替孩子解决问题，更不能偏袒自己的孩子。

男孩的性格本来就较女生更为暴躁、冲动，而在家长的不当指导下更容易助长他们的脾气。那父母们在这种情况下应该怎么做呢？

首先，父母要保持冷静，千万不能不分青红皂白就说“谁欺负你了，找他算账去”等，给男孩造成“即便我不对，大人也会给我撑腰”的感觉。

然后，应心平气和地让男孩陈述冲突的过程，引导孩子如实地将事实经过讲清楚、明白，这也是帮助孩子理清思路，明辨是非的教育过程。在孩子讲述的过程中，家长不要给予错误的诱导、暗示，如“是他先跟你吵的吧？”“你没有动手，对吧？”等，而是要鼓励孩子讲真话，做个诚实的人。这样，可以培养孩子化解矛盾的责任心和能力，让他们看清自己的错误，有利于避免以后此类矛盾冲突的发生。

**方法三：给你的男孩树立一个榜样**

宋阳小学六年级时，由于好奇，染上了烟瘾，而且越陷越深，后来发展到偷家里的钱买烟。渐渐地，他觉察到自己背着父母抽烟，还偷家里的钱，这样的行为实在太可耻了。每当想起来，都后悔万分。

当他终于忍受不了良心的谴责时，便把自己的忏悔写在了日记上，并鼓足勇气交给了父亲。宋阳以为，父亲会狠狠地揍他一顿，甚至把他赶出家门。但是，结果却出乎他的意料。父亲看后，心情虽然十分沉重，却没有责备他，反而自己流下了伤心的眼泪。宋阳是个要强的孩子，他看到父亲痛苦的样子，内心非常愧疚。从此，他痛下决心，彻底改正了以往的错误，走上了正道。

我们不得不佩服这位明智的父亲，他用比惩罚更有效的方式教育了自己的男孩。由此我们可以看出，要想让你的男孩学会宽容，身为父母首先要做的就是宽容你的男孩，用你的示范来引导孩子，让他在你的潜移默化中受到教育。

**专家教你男孩怎么养**

父母们应该怎样帮助男孩改掉心胸狭窄的毛病呢？

第一，父母要做男孩的榜样。在遇到矛盾或冲突时，父母要宽宏大量，理解对方，不计较得失。

第二，创造机会，让男孩多接触同龄小朋友。在交往中学会宽容、体谅他人，养成良好的性格。

第三，必要时，让孩子体验一下心胸狭窄的害处。

# 第24招

# 孝顺
## ——男孩必备的美好德行

孝敬父母是中华民族的传统美德，但是，有些男孩的父母却常常发出无奈的感叹，他们的儿子不懂得孝顺父母。

情景一：儿子小洋每次吃饭前，都要等爸爸妈妈把所有的东西都收拾好才坐在桌前，而吃完饭后，他也从来不帮着家长收拾碗筷……

情景二：奶奶平时对孙子非常照顾，孙子要什么给买什么，但是一次奶奶生病住院了，孙子只去看望了一次；奶奶让孙子留下来陪自己一会儿，孙子却不乐意地说一会儿动画片就要开演了……

中国一家儿童心理学研究中心做了这样一项调查，他们找来了100名年纪相当的小男孩，每人问一个问题——你清楚地记得爸爸妈妈、爷爷奶奶、姥姥姥爷这六个人的生日是哪天吗？

结果能够回答出六个人生日在哪天的孩子不足10人；而六个人的生日都记不清的孩子竟高达70多人。更令人感到吃惊的是，一个小男孩记得他所有朋友的生日，却记不住自己家人的生日，他每次都要为朋友精心准备礼物，却从未为家人准备过一份生日礼物。

为什么享有家人万千宠爱的男孩们，却不懂得把这份爱回报给他们的家人呢？其实，这与家长的教育方式有很大的关系。家长们不妨想想看：

你是否要求过孩子要为你分担家务？

你是否在生日的时候让他们为你准备一份礼物？

你是否经常带着孩子去看望爷爷奶奶、姥姥姥爷，并要求他们经常去？

很显然，不是孩子不想孝敬长辈，而是父母从来就没有意识去培养孩子的孝心，没有给孩子表达孝顺之情的机会！

## 给男孩父母的建议

每位家长都希望自己的男孩能孝顺、懂事，那么，我们该怎样引导他养成孝敬长辈的美德呢？

**方法一：让男孩体会到家长的辛苦**

如果父母不让男孩体味到自己的辛苦，男孩就不会知道父母为他付出了很多。

小武的妈妈下班回来后就坐到沙发上，因为全身酸痛不想起来。小武过来叫妈妈：“妈妈，我想洗澡，你帮我把热水器插座插上吧。”

妈妈没有立即答应儿子的请求，而是说：“妈妈肩部酸痛，小武能不能过来帮妈妈捏捏肩膀啊？”

小武答应：“好的，妈妈。”小武过来帮妈妈捏起了肩膀，捏了几下，小武说：“妈妈，你的肩膀好硬啊，妈妈工作一定很累吧！”

故事中的妈妈是智慧的，她让儿子体味到了自己的辛苦，让儿子懂得了爱。这样，儿子学会了爱自己的父母，同样也会去关心别人，从而能得到周围人的喜爱。

生活中，父母在给予男孩爱的同时，要记得向男孩索取爱，并不断给男孩制造一些爱父母的机会，比如，周末的时候，鼓励你的男孩为你做一顿爱心饭，让你的男孩帮你叠衣服……当然千万不要忘了在他们完成之后，给予他们相应的鼓励与表扬。男孩大都是好强的，他们渴望得到家长们的肯定与认可，当家长满足他们这种欲望后，他们便会做得更好。久而久之，即便家长不要求他们为自己做些事情，他们也会主动去分担。

**方法二：以身作则，做男孩的榜样**

男孩善于模仿，他们能很快地学习到自己亲人或者朋友的优点。所以，要想培养男孩的孝顺之心，父母首先应做到孝敬长辈，为儿子树立榜样。

一位妈妈这样谈自己的经验：

婆婆和我们住在一起，平时我和老公对她非常尊重。吃饭的时候，婆婆不上桌，我们不会开饭。遇到生活中的大事小事，我们会先询问一下婆婆的意见。这样，儿子在我们的感染下，也学会了孝顺奶奶。当奶奶想吃苹果时，儿子会选一个最好的苹果削给奶奶吃。

有一次，婆婆生病住院了。晚上儿子也不肯回家，想在医院里陪着奶奶。最后，我们没有拗过儿子，只好让他和我们一起留在了医院。夜里，儿子还会提醒我们“奶奶又难受了，叫护士姐姐过来看看吧”“该为奶奶换吊瓶了”……

**专家教你男孩怎么养**

家长应当如何教育当代独生子养成孝顺的品德？

第一，不要给男孩养成唯我独尊的毛病。生活中，有好的东西家长应先给长辈或给自己，即便是做做样子，这个样子也得当着男孩面做。

第二，让你的男孩了解你的辛苦，不要看到儿子画了一幅画就说“累了吗？休息一下”，那么，作为家长的你每天在外奔波不累吗？所以，一定要让男孩感受到你的艰辛。

第25招

# 爱心
## ——让男孩拥有兼济天下的情怀

仁爱是人类最光辉灿烂的品性，教子做人，首先要赋予他一颗仁爱之心。心理学家研究表明：善良和同情是孩子与生俱来的天性，只不过在后期的家庭教育中，父母给了错误的引导。

父母们宁愿把已经夹入自己碗里的肉再夹出来给孩子，也不忍心对孩子讲“你已经吃得太多了，最后一块应该给干活最辛苦的爸爸吃”；妈妈下班到家已经筋疲力尽了，对吵着要妈妈抱的孩子也从不曾说一声“妈妈太累了，你自己玩一会儿吧”；爸爸生病了躺在床上，对放在孩子手边的药，也从不舍得让他跑过来递一下……父母们整日为孩子做这做那，有求必应，却很少教育他们做人不能只索取、不回报。所以逐渐养成了孩子们任性、自私、孤独、易发脾气而又只知享受，不知付出和给予的品性。

### 给男孩父母的建议

爱心是人的本性，是善良、仁慈的基础，对一个人的成长具有积极的作用。家长若想使自己的男孩长大以后成为一个品德高尚、有责任感的人，必须从小培养他的爱心。

**方法一：从小保护好男孩的爱心**

有时候父母由于工作忙或其他原因，对孩子表现出来的爱心视而不见，或是指责一顿，把孩子的爱心扼杀在萌芽之中。

情景一：有个小男孩为刚下班的妈妈倒了一杯开水，妈妈却着急去厨房做饭，边推孩子边说："去去去，谁用你倒茶，快去写作业。"

情景二：有个男孩蹲在地上帮一只受伤的小狗包扎，男孩的爸爸却生气地说："谁让你碰它了，流浪狗多脏啊！"

一位老师曾说过："孩子的爱心是稚嫩的，你在乎它，它就会长大；你忽视它，它就会枯萎；你打击它，它就会死去。"那么，如果你想拥有一个富有爱心的男孩，那就请你在生活中培养它、浇灌它吧。

**方法二：为男孩做好表率**

俗话说：言传身教。榜样的力量永远是无穷的，也是最有效的。要使孩子富有爱心，父母必须从自身做起，从家里的点滴小事做起。比如，在家里，要孝敬长辈，给长辈倒茶，陪长辈聊天等；经常带着孩子去拜访曾经帮助过自己的人，让孩子从中体会到父母对亲人、朋友的关心和体贴之情；多关心孩子，当孩子遇到困难时，要及时地帮助他寻找解决的办法；在夫妻日常生活中，要经常给爱人夹菜、捶背等；出差回来时，不要忘记给爱人和孩子带份礼物；平时要多说一些"你辛苦啦！""你先歇会儿吧！""别着急，我来帮你吧！"……

父母是孩子的镜子，孩子是父母的影子。只有富有爱心的父母，才能培养出富有爱心的孩子。家长在生活中关注孩子，培养孩子的爱心，爱心就会在孩子心底扎下根，并随着孩子的成长而不断扩展和升腾。

**方法三：为你的男孩注释爱心**

父母在平时生活中，可以从点滴的教育做起。比如，平时给你的男孩读书、讲故事的时候，如果有漫画的插图或者人物心情的图片，父母可以模仿人物的心情和语气给男孩讲解。

每天临睡前，妈妈都会为小利讲故事，今天他们要一起看的故事是《卖火柴的小女孩》。妈妈一边为小利讲述，一边观察小利的表情。她留意到孩子的眼中充满了同情，乘机说道："你问问这个小女孩，她冷不冷啊？"

小利点点头："妈妈，她很冷，很可怜。"妈妈说："那以后遇见这样的小妹妹，你会怎么做呢？"小利说："我会给她一件衣服！"小利妈妈摸了摸孩子的头，欣慰地笑了……

用这种夸张和形象的方式，让孩子学习认识和体会他人的感情，培养他对身边事物的同情之心。

### 专家教你男孩怎么养

爱父母是培养孩子爱心的源头和起点，那么怎样指引男孩爱父母呢？

第一，要让男孩了解父母为家庭付出的辛苦。有机会最好带孩子去父母工作的环境看一看，让他有切身感受，知道父母的钱来得不易，知道父母对家庭的贡献。

第二，要从小事入手，结合日常生活实际进行教育。比如，吃饭的时候，如果有好吃的，应教育他先给长辈吃，再自己吃。父母下班回来后，应教导男孩主动帮父母拿拖鞋、倒水。要求男孩做一些力所能及的家务。

第三，让男孩知道父母为自己所做的一切。平时，父母可以在为男孩洗衣服、系鞋带的时候告诉男孩，父母也会累，但是能这样照顾他心里却是高兴的。

第 26 招

# 诚信

## ——男孩第二张“身份证”

诚信是人的第二张身份证，如果一个人缺乏诚信，那么，他将无法在社会中立足。

现实生活中，家长都希望自己的男孩能够成为一个诚信的人，做到言出必行，从而成为一个受欢迎的人。的确，如果一个男孩小的时候没能及时养成诚实守信的习惯，那么，他长大后无论是在事业上还是在社交上都会处处受阻。

然而，现实生活中，已经具备诚信品德的男孩却少之又少。由于自幼被宠，这个时代的男孩大都比较自私，很少能够考虑到他人的感受，自然也很难做到诚信了。

下面是一位母亲的育儿经验：

周末，我丈夫突然决定去钓鱼，儿子也想跟着去，就回屋里收拾自己的小渔具去了。出来的时候，我问他：“你不是说今天和小亮约好了一起看电影吗？”

“对啊，但是昨天晚上我在网上看了那部电影的预告了，没意思，还是跟老爸去钓鱼好玩！”

“那一会儿小亮来找你怎么办？”

“你就告诉他，我临时有事儿去我奶奶家了。”

“这样你就等于欺骗呀！”我惊诧地问道。儿子怎么如此缺乏诚信之心呢？

“没关系的，就一次半次的事儿，再说了，他又不知道我去哪里了，对吧，妈妈？”

“不行，儿子，我不能帮你这么做，如果你非要和爸爸钓鱼的话，就必须和小亮说清楚，并征求他的原谅，因为这是做人最起码要讲的诚信。你想，如果哪天小亮也这样对你，你的内心会如何呢？”

“可是我真的很想和爸爸去！”

“儿子，要不这样吧，你和小亮说一下，我带你们一起去吧！但是你首先应向小亮道歉，因为无论如何是你违约了，明白吗？”这时我丈夫突然开口说话了。

## 给男孩父母的建议

诚实守信是每个男孩都应具备的素质，更是做人的基本准则，因此，做家长的应当重视培养男孩养成诚信的好品德。

**方法一：以身作则，为男孩树立诚信的榜样**

家长是男孩的一面镜子，家长的行为直接影响着男孩，如果家长在生活中能够做到诚实守信，那么，久而久之，男孩也会做到诚实守信。

然而，生活中，家长们却常常忽视自己行为对男孩的负面影响，经常当着男孩面欺骗他人、违背承诺……

情景一：门铃响了，妈妈对儿子说：“儿子，去看看是谁敲门，如果是你李阿姨，就说妈妈很早就出去了，不知道干吗去了。”儿子不解地看着妈妈问：“但是你明明在家啊！”妈妈有些不高兴地说：“叫你怎么说，你就怎么做，你李阿姨找我有事儿，我不想去，小孩子管那么多干吗，赶紧去开门，按照我说的说。”

情景二：儿子特别想吃隔壁街上的炸鸡，但是妈妈急着回家，就忘记了。回到家看到儿子期待的目光，妈妈便说："真抱歉，那家的炸鸡都卖完了，明天再给你买好不好？"

看到上面的场景，你是否感到很熟悉呢？也许，你也曾经这样欺骗过你的儿子，你总是以为他们还小，你的行为不会对他们产生什么影响，但事实上，你这样的想法是完全错误的。要知道，男孩的模仿能力是非常强的，今天他看出你在说谎，那么明天他就会学着你的样子去骗别人，久而久之，他就会成为一个不看重承诺、毫无诚信可言的人。

**方法二：尽量满足男孩的合理要求**

很多男孩没有诚信、习惯性说谎，其实都是被家长"逼"出来的。例如，家长在考试前对孩子说，如果考不到95分，就打断他的腿，孩子害怕家长真的打自己，无奈之下，就只好把75分改成了95分。再比如孩子特别想和朋友们一起出去郊游，但是家长不同意，他就只能撒谎说学校组织春游。所以，生活中的家长们为了避免孩子被逼无奈而说谎，应当尽量满足男孩的合理要求，给他一个相对宽松的环境。这样，他们就不会为了逃避责罚或者想买某个东西而撒谎了。

**方法三：对男孩进行正确的诚信教育**

家长们如果想让自己的小男子汉成为一个诚实守信的好男孩，还应对男孩进行正确的诚信教育。

考虑到小男孩大都不愿意接受家长说教式的长篇大论，家长可以对男孩进行诚信教育的时候，多给男孩讲一些有关诚信的小故事，这样一来，更有利于男孩学习诚信精神。

此外，做家长的还应当及时纠正男孩对诚信品质的错误理解，比如，"诚信的人会吃亏"之类的认识。

而当男孩说谎或者违约后，家长应当耐心地与男孩一起分析那样做的坏处，并引导男孩多站在别人的角度去思考问题。对于自私的男孩更应如此，因为男孩自私，就很难站在他人的角度思考问题，自然容易失信于人。

**专家教你男孩怎么养**

家长应当如何引导男孩养成诚信的品德呢？

第一，榜样法，以身作则，让男孩看到家长的诚信行为。

第二，强化法，强化男孩对诚信内涵的认识。

第三，理论法，对男孩进行正确的诚信教育，积极引导男孩改正说谎、违约的行为。

## 第 27 招

# 责任感

## ——男孩一生最基本的品质

责任感不仅是一种高尚的情操，更是每一个男人必备的素质。的确，如果一个男人没有责任意识，就无法肩负起应尽的社会责任，成家立业之后，也很难成为合格的丈夫、父亲。这样的人，不仅很难被委以重任，也不会受到大家的欢迎。

对于小男孩来说，责任心同样非常重要。一位妈妈曾经表示了自己的担忧：

我儿子今年上小学二年级，由于全家人都比较娇惯他，儿子从小就很自私。随着儿子年龄的增长，我发现，儿子的自私行为越来越严重。

那天，邻居家的小女孩来家里玩，忽然间我听到啪的一声，我走出来一看，原来是我一直很喜欢的那个玻璃相框碎了。还没等我开口，我儿子就说了："是她想要看，我拿给她时她摔的，与我无关。"邻居的小女孩听着儿子的话，刚想说话，又被儿子打断："都怪你，打碎了我妈妈的东西。"小女孩听后，委屈地哭了起来。

其实，我根本没有想责怪谁，那相框明明是儿子打碎的，也并非是儿子为女孩去拿，我在厨房听得很清楚，是儿子告诉小女孩说："那个相框是我妈妈最喜欢的一个，是爸爸从国外带回来的，我拿给你看吧！"结果，儿子一见相框打碎了，怕我责怪，就赶忙把所有的责任都推给那个无辜的小女孩，甚至把小女孩说哭了。

从那件事情起，我对儿子便非常担心，无法想象他怎么能这般缺乏责任心。现在他是个孩子，不负责任尚有我们帮他承担，可他终有一天是要长大的，那个时候，如果责任意识非常淡薄的话，他又如何去面对这些呢？

这位妈妈的担心不是多余的。责任心的匮乏会让大家丧失对他的信任，事业和前途都会受到影响。现实生活中，很多男孩都缺乏责任意识，总喜欢为自己所做的事情找些借口，当他们被批评的时候，还经常推卸责任，不愿承认自己的过错。

那么，究竟是什么原因导致生活中的小男孩如此缺乏责任意识呢？这和家长日常的教育方式有很大的关系。

## 给男孩父母的建议

生活中，很多家长也都明白责任意识对男孩的重要性，但觉得自己的男孩年纪还小，不想让他承担太多，觉得等他长大了，能力强了，自然而然地就会承担责任了。事实上，这种溺爱式的“树大自然直”的教育方式是非常错误的。那么，怎样才能培养起男孩的责任心呢？

**方法一：引导男孩正确认识责任心的重要性**

一位妈妈曾经谈到这样的教子经验：

我 12 岁的儿子一个月前央求我给他买了只小兔子，我看儿子非常喜欢，就答应了，但是让儿子保证一定会好好照顾小兔子的，当时儿子信誓旦旦地说“一定”。

第一周，儿子非常细心地照顾小兔子，给它打扫窝、喂食、洗澡……但到了第二周，儿子就开始厌烦了，不但忘记给小兔子喂食，打扫窝后还会向我抱怨小兔子太脏了，甚至起了想丢掉小兔子的念头。那天下午，儿子非常不耐烦地给小兔子喂完食之后，我叫住了儿子说："你记得你要买小兔子前向我的承诺吗？"

儿子点点头说："记得，但是它真的很烦人，我每天很累还要收拾它的窝。"

"你在买之前我就告诉过你啊，但既然你当初决定养小兔子了，就要对它负责，这就像我和你爸爸照顾你一样，你有的时候也会调皮，但因为照顾你是我和爸爸的责任，所以我们从来都没想过因为太累而放弃。现在你对你的小兔子也是这样的，你买了它，就要对它负责啊！"

儿子想了想，点了点头说："妈妈，我懂了。"

男孩小的时候，逻辑思考能力不强，对责任没有什么具体的概念。这个时候，家长一定要引导自己的男孩正确认识责任心的重要性，并且给他们做出一个好榜样，通过言传身教的方式培养他们的责任意识。

**方法二：让男孩为自己的行为负责**

培养男孩的责任意识，就要让他们对自己的行为负责，男孩只有学会了为自己的行为负责，才能逐渐地学会对家庭、对他人、对集体、对社会负责。

一位父亲谈到了这样的教子经验：

周末，儿子去他同学家玩耍，回来的时候，带回了一本漫画书。那本漫画书起初就有点掉页，再加上儿子翻书的力度很大，没一会儿，好多书页都掉了下来。我在一旁看到后，就把儿子叫过来，给了他一点钱后对他说："你看，你把你同学的书都看坏了，去再买一本新的，明天好还给他。"

儿子马上穿好衣服去书店买了一本新书，可是一连两天我都发现儿子只是自己在那边看，并没有要还给同学的意思，于是我就问他：

“书都买了，怎么没有拿给同学呢？”

“爸爸，他那本书我借来的时候就很破了，书页掉了又不是我的责任，我干吗要把这本新书给他呢，我还没看够呢！”

我听出了儿子的意思，他是不想把新书给同学。我对儿子说：“虽然那本书已经快坏了，但是它毕竟是在你手上掉书页的，你想一下，如果你把同学的书弄坏了就算了，你的同学还愿意把东西借给你吗？”儿子想了一会儿，虽然仍是有些不情愿，但还是拿着那本新书去朋友家了。

当男孩做了损害别人利益的事后，引导他让他自己向人家道歉，赔偿损失，养成他勇于承担责任的好品质。这样一来，他不但会取得别人的原谅，更重要的是他还能从中学到做人的道理。

### 专家教你男孩怎么养

家长应当如何提升男孩的责任感？

第一，让男孩意识到责任心的重要性。

第二，强化男孩在家庭生活中的责任。

第三，引导男孩正视自己应负的责任。

# 第四章

# 能力培养，教出了不起的男子汉

如何培养了不起的男孩？

什么样的男孩才是了不起的男孩？

答案显而易见——

做事果断的男孩；

善于倾听他人的男孩；

有主见、能够自己把握人生的男孩；

…………

只有男孩具备了以上这些素质，他才能成为一个了不起的男孩，成为一个出色的男孩！

## 第28招

# 思考力

## ——引爆男孩的潜能

生活中，很多男孩都欠缺独立思考的能力，其实，这是父母们错误的教育方式造成的。生活中，到处都能看到家长对男孩进行“听话教育”“包办代替”“题海战术”“标准答案”等等不科学的教育，正是这些错误的教育方式使男孩变得不会思考了。

一个男孩，只有学会如何独立思考，才能拥有充实的内心，才有可能始终充满活力，才有可能在日后成为一个有作为的人。的确，我们评价一个人聪明与否、智慧与否，并非看他掌握了多少知识，而主要是看他的思维能力强不强。一个男孩只有具备了独立思考的能力，才能够向成功迈进。正如巴尔扎克所说：“一个有思想的人，才是一个力量无边的人。”

晓明今年9岁了，但与同龄的男孩相比，他一点都不像9岁大的孩子。他不会自己穿衣服、不会系鞋带，基本上日常的家务都不会做。除此之外，晓明做事情时从来不会问为什么，永远都是跟着别人，久而久之，晓明的反应也变得很慢。晓明的家长带晓明去医院检查，医生说晓明的智商和大脑发育都很正常。

后来，晓明的妈妈在一次教育培训课上才恍然大悟，原来儿子目前这种状态都是他们对晓明施行“听话教育”“包办教育”带来的后果。他们这样做，不仅禁锢了晓明的思想，而且还磨灭了小男孩天生好问、好思考的天性。

教育专家还告诉晓明的妈妈，如果不及时加以正确的引导，晓明很可能会就此丧失社会竞争能力，严重者还会导致患上自闭症。

因此，家长在日常生活中，一定要摒弃包办式或听话式的教育方式，积极地引导男孩独立思考。要知道，世界上的成功者都是一些善于思考的人。他们的伟大成就无不是建立在他们出类拔萃的思考力之上的。

比尔·盖茨从小显露出的最大特点就是不停地思考。当母亲叫他从卧室里出来吃饭时，他置若罔闻，甚至整日躲在他的卧室里不出来。当父亲问他在干什么的时候，他总是说："我正在思考！"比尔·盖茨的头脑似乎时刻都在高速地运转，这也许是他登上世界首富宝座的根本原因吧。直到现在，微软公司还流传着这样一种说法：和大多数人谈话就像从水龙头饮水，而和盖茨谈话却像从喷泉中饮水，让人根本应付不过来，他会提出无穷无尽的问题。

## 给男孩父母的建议

父母怎样培养男孩养成思考的习惯呢?

**方法一：引导男孩学会独立思考**

男孩在成长的过程中难免会遇到这样或那样的问题，这个时候，他们大都会选择去自己父母那边寻求答案，若此时父母对孩子的问题有问必答，虽然解决了孩子当时的问题，但却不利于孩子长久的发展——孩子会养成依赖父母的习惯，遇到问题时不会独立思考，不会自己去寻找答案，这对发展孩子的智力没有好处。

因此，聪明的父母在面对孩子的问题时，应多引导男孩自己去思考，去分析，去运用自己学过的知识和经验，看书，查参考资料等，让孩子学会自己去寻找答案。孩子在寻找答案的过程中，思维能力就会得到提高。如果孩子实在无法独立解决问题，父母可以示范，通过请教他人、查阅资料、反复思考等方法，让孩子学习思考的方法，这对孩子的影响是非常大的。

**方法二：多问你的男孩"为什么"**

提问是培养男孩独立思考能力的起点，如果男孩经常面对各种问题，大脑的思维就会比较活跃。因此，家长们若想提高男孩的思维能力，就应该多问男孩为什么。

下面这位父亲做得就非常好：

我儿子今年 12 岁了，因为我是从事金融工作的，所以，从小我就很注重培养我儿子的思考能力。从他上小学开始，我就经常会问他一些问题，而我发现儿子也很喜欢回答我的问题。

看到公益广告说大家要保护树木防止全球变暖时，我会问我的儿子保护树木与防止全球变暖有什么关系呢？儿子为了回答我的问题，就会上网查询资料，然后再把自己整理出来的答案告诉我。每当这个时候，我都会赞许地看着儿子，并且从不吝啬表扬他，就这样，儿子养成了独立思考的能力。遇到问题的时候，他从不会直接朝我们或者别人要答案，而是自己去查阅图书或者上网找资料。

良好的思考能力让我的儿子在各方面表现都很突出，今年年初，他还在全国少年辩论大赛中获得了十佳辩手的称号。

的确，思考能力对男孩来说非常重要，著名作家萧伯纳说："难得有人一年会思考两三次以上，我则因一星期思考一两次而驰名国际文坛。"

**方法三：培养男孩养成每日思考的习惯**

培养男孩养成每日思考的习惯，让他每天拿出一部分时间，可以是十分钟、二十分钟，用于思考自己的学习、一天所做的事情或计划。养成这个习惯，家长们就会惊奇地发现：无论什么时候、什么地方，比如洗涤碗碟时、洗澡时，男孩都可以获得建设性的主意。

因此，在培养男孩思考能力的时候，家长不妨先养成男孩每日思考的习惯，时间也不需要太长，一般 15 ~ 20 分钟即可，持之以恒，定会有所收获。因为这种每日思考是给精神充电的一种实用方法，对男孩学习效率的提高很有帮助；并且这一良好习惯的形成，对男孩今后的人生都具有积极的推动作用。

**方法四：启发男孩“异想天开”，积极地培养男孩的推理能力**

男孩总有太多的问题，什么事儿都喜欢“打破砂锅问到底”，每当遇到一件他们好奇的事情时，就总想更深入地去了解，再或者为了详细地了解，他们还会动手拆一拆。男孩这种好问、好动手实践的行为其实都是探索和求知欲的表现，家长的呵责只能挫伤男孩思考的积极性。

所以说，做家长的一定要鼓励男孩的探索精神，并启发男孩“异想天开”。例如，让男孩突破常规的思维模式，从另一个角度去思考问题，男孩就会发现平时盛饭的碗可以用来当乐器、平时装热水的暖瓶还可以用来煮粥，这就是发散思维或求异思维。这种发散性的思维模式可以让男孩在学习时不盲目听信，解决问题时善于从多方面考虑，从而提高男孩的学习兴趣和思维能力。

除此之外，家长还要积极地培养男孩的推理能力。

有这样一则笑话：

妈妈问 4 岁的儿子辛辛：“辛辛，你长大了想当什么呀？”儿子想了一会儿回答：“我要做特工，像电影里一样。”爸爸问：“为什么要做特工呢？做特工要是被坏人发现就会有生命危险啊？”儿子一听：“那我就当坏人吧！”

故事中的辛辛因为搞不清楚坏人的概念，所以做出了错误的推理。

推理能力是思考能力中比较重要的一个方面。所以，家长们平常还应注重培养男孩的推理能力。比如，在日常生活中可以让男孩多做一些有意思的推理题目。

### 专家教你男孩怎么养

培养男孩的思考能力并非一朝一夕之事，需要父母细心地引导，那么，生活中，父母应当怎样从细节引导男孩养成爱思考的习惯呢？

第一，让男孩把自己的想法写出来。父母应教会男孩记随想录，只要有随想，赶快记下来。这种习惯会促进男孩思考能力的形成，促使男孩的思维越来越成熟。

第二，教男孩先思考再行动。做任何事情，不管大事小事，都要养成先思考再行动的习惯。

第三，引导男孩自己向自己提问题。

第 29 招

# 倾听能力

## ——让男孩更受欢迎

倾听是一种能力也是一种交流手段，一个善于倾听的人往往拥有更多的朋友。

儿童心理学家研究表明，越是善于倾听他人意见的男孩，与他人关系就越融洽。男孩如果能够耐心倾听对方的谈话，就等于告诉对方“你是一个值得我倾听你讲话的人”。这样一来，男孩自然会赢得很多朋友，对男孩未来的成长与事业的成功都有着很大的推动作用。

然而，大部分生活在当代的男孩却往往只善于表达自己，而不会倾听他人，无法与人在交往中体现出真诚，甚至不愿意倾听他人的建议和忠告。

### 给男孩父母的建议

父母应该从小培养男孩倾听的能力，让男孩善于倾听他人说话，懂得“三人行，必有我师”的道理。那么，生活中，家长应当如何培养男孩的倾听能力呢？

**方法一：培养男孩倾听的习惯，首先应倾听男孩的心声**

倾听让父母可以打开孩子的心门，拉近父母和子女的距离，让父母帮助孩子解决成长的烦恼、分享孩子进步的喜悦。

据调查，很多孩子都抱怨自己的父母没有认真听过自己说话。

“我很想让妈妈和我多聊会儿，她总爱批评我，我和她根本就聊不到一起。”

“爸爸总是说小孩子你懂什么，学习才是你的正事，写作业去。”

“你还小，不懂就别插嘴，管好自己的事，别把功课落下。”

“妈妈，我想和你聊聊。”“妈妈单位有事需要加班，有时间再说吧，你别忘了写作业。”

父母们是否知道，孩子希望周围的人，尤其是他们最亲的父母给予他们极大的关注和重视。很多时候，我们常常会听到孩子说：“别把我当小孩子看，我已经长大了。”这些都反映出他们期望得到父母的认同，而父母对孩子的倾听就是极大地满足孩子的自我认同和独立性的最好方式。

从现在开始，父母要竖起自己的耳朵，多倾听孩子的心声，每天倾听一点点，父母和孩子的距离就会拉近一点点，反之就会疏远一点点。

**方法二：引导男孩用心倾听他人的话**

男孩的家长们发现，与女孩相比，男孩更加不善于倾听别人的谈话，因为他们总是在别人谈话时强调自己的意见或摆弄自己的东西，或左顾右盼、心不在焉，而这种态度是对说话者的极不尊重，这会严重影响到他正常的工作与社交生活。

的确，在人际交往中，我们要让我们的男孩在别人愉快的时候与他分享快乐，在别人痛苦、失落的时候与他分担痛苦和失落，这种用心与人交往的表现必然会赢得他人的好感。

那么，日常生活中，父母应当怎样做才能培养男孩用心倾听的能力呢？父母要首先在家里训练孩子学会用心倾听，比如听爸爸妈妈说话时可以自然地坐着或者站着，眼睛要看着说话的人，不要随便插嘴，安静地听别人把话说完。

**方法三：教男孩在倾听对方说话时多提问**

倾听他人最好的方式，就是多给对方说话的机会，在对方说话的时候，适时地提问，让对方回答。这样一来，便给了对方多说话的机会。

小明的班上转来了一个新同学，下课后，小明主动找新同学聊天。新同学和小明简单地聊了几句之后，有些紧张便不再说话，这时，小明就又问“你们那里怎么样？有没有好玩的地方？”“你到我们班后有什么想法吗？”“你能不能谈谈你来这里后的所见所闻？”这样，几个问题下来，新同学也不那么拘谨了，说话也放松了许多。而也正是这几个简短的问题，让小明和这位同学成了好朋友，小明还从对方的身上学到了好多东西，这一切都要归功于提问。

不过，虽然提问能够留给对方多一些说话的机会，更有助于培养男孩倾听的习惯，但家长也应及时告诉自己的男孩，在提问的时候，一定要注意尽量回避涉及对方隐私或者过于敏感的话题。

**方法四：教男孩掌握倾听的技巧**

倾听他人也是有技巧的，比如，交谈时保持冷静的心态，不要受到其他事物的影响；要面带微笑，不要显示出不耐烦的样子；要让对方感觉轻松自如，而不是拘束。倾听时不要挑对方的毛病，不要当场提出自己的批判性意见，更不要与对方争论，尽量避免使用否定别人的回答或评论式的回答，如“不可能”“我不同意”“我可不这样想”“我认为不该这样”等；交谈过程中要少讲多听，不随意打断他人的讲话。

倾听的过程当中还要运用眼神、表情等非语言传播手段来表示自己在认真倾听。也可以不时地用“是的”“明白了”“继续说吧”“对”

等语言来表示自己在认真倾听。如果对对方谈到的内容比较感兴趣，可以先点点头，然后简单地表明自己的态度，最后再说“请接着说下去”“这件事你觉得怎么样”“还有其他事情吗”等，这样会使对方谈兴更浓。如果对对方的谈话不感兴趣，可以委婉地转换话题，比如，“我想我们是不是可以谈一下关于……的问题”等。

**专家教你男孩怎么养**

生活中的家长们应该如何培养、提高男孩倾听他人的能力呢？

第一，转变自己对待男孩的态度。家长培养男孩倾听能力最重要的方法就是改变自己对待男孩的态度，从细节影响你的男孩，想让男孩学会倾听，家长首先做到倾听男孩。

第二，教育男孩学会问“为什么”“然后呢”，引导他们诉说。

第30招

# 交往能力

## ——带给男孩好人缘

随着知识经济的不断发展，社会不仅对人才的需求量越来越大，而且对人才的质量要求越来越高，这必将需要男孩具有社会交往和活动的能力。

然而，现在的男孩多是独生子，恰恰缺乏与人交流合作的能力。他们因缺少同龄伙伴，接触面较窄而产生了诸如以自我为中心、攻击性强、不合群等许多社会性方面的问题。国内一项调查显示：有30.1%的男孩存在中等程度的孤独，有23.5%的男孩表示“我没有知心朋友”，超过半数的男孩都认为“多数人是不可以信赖的”，而有超过40%的男孩都有过离家出走的念头。由这个调查中我们不难看出目前男孩是多么的欠缺与人交往的能力。

人际交往在男孩们的成长中也占据着重要位置，亲子关系、师生关系、同学关系的紧张与疏离，都会直接影响到男孩性格的发展和品质的形成。与人交往的能力不仅是一种驾驭生活，更是一种完善自我的能力。在竞争日益激烈的当下，如何让男孩走出孤僻，学会交往，是家长们教育环节中不可忽视的一项。

下面是发生在一位母亲身上的故事：

我的儿子小爽已经上初中了，可是他非常内向，从来不主动与人交往。小的时候，他就这样，一直没什么朋友，不过那个时候我们倒也没觉得什么，就单纯地认为孩子小，害羞而已，可是眼看着儿子越来越大，与人交往能力却越来越差，现在就连让他去超市买个东西他都不去，问他原因，竟然说不想和人说话。

在学校里，老师说他总是一个人闷在角落里，就连学校组织的春游，他也不与同学们一起玩。当我问到为什么不主动和别人交流的时候，他则很无辜地看着我，说不知道怎么说。那时候我才意识到，儿子在与人交往上出现了严重的问题，如果不及时引导，恐怕儿子长大后很快就会被这个社会淘汰，毕竟这个社会需要的是全面的人才，不仅要学习好，还要“能说会道”才成。

意识到这一点后，我开始在生活中，有意识地培养小爽与人交往的能力。我先是找朋友们来家里做客，并让朋友们带上他们的孩子，让他们的孩子主动和我儿子一起玩，渐渐地，我发现儿子和朋友们的孩子熟悉了起来，话也多了；随后，我还经常带儿子去参加一些野外活动，并鼓励儿子多去和那里的孩子交流，久而久之，儿子不但开朗起来，而且和他人之间的交流也越来越多了，还交了不少朋友。

## 给男孩父母的建议

那么，如何培养男孩的交往能力呢？

**方法一：为男孩营造良好的家庭环境**

这里所指的家庭环境，可并非物质方面，而是指一种民主平等、亲切和谐的交往氛围，父母应当成为男孩的朋友，要让男孩敢说、爱说，有机会说话。适当地让男孩参与成人的某些讨论，有利于树立男孩的自信心，使男孩敢于与成人交往。

**方法二：引导男孩正确地与人交往，鼓励男孩走出家门**

若想让男孩成为一个交往能力很强的人，让男孩体会到交往的快乐，家长需要传授男孩一些与人交往的技巧。比如，父母应让男孩在交往中学会使用礼貌用语“请”“谢谢”“对不起”等，告诉男孩只有懂礼貌的人，别人才愿意和他一起玩。还要让男孩学会容忍与合作、遵守集体规则、乐于助人等。

除此之外，家长还应多鼓励男孩走出家门，主动去结交朋友、与人交流，如家长可以带儿子参加各类亲子活动，这是一个很好的锻炼男孩交际能力的场所。当然，也可以鼓励男孩邀请邻居家的小男孩、同班同学来家里做客。儿童心理学家指出，同伴对指导或训练男孩掌握社会交往技能、帮助男孩走出孤独具有特殊作用，因为这种技能男孩是无法在家长那里学到的。

**方法三：增强男孩的自信，让男孩主动与人交往**

家长在平时应当多鼓励男孩主动与别人打招呼，一起玩游戏，一起分享玩耍时的快乐。而当男孩做到这些后，家长还要适当地给予男孩表扬，增加男孩的自信，让男孩乐于与人交往。

当然，男孩如果怯生，家长也不应苛责他，而应先缓解他的紧张感，让他身心放松，慢慢地由不熟悉到熟悉。同时要经常暗示男孩，只要你主动、友好地与别人相处，别人就会喜欢和你做朋友，以此来增强他的自信心。

**方法四：培养男孩乐观的性格**

在日常生活中，家长肯定不难发现，性格乐观的男孩都比较受大家欢迎，而且他们也大都善于与人交往。因为，他们出现的地方总能给别人带来欢声笑语，自然就得到大家的喜欢。所以，家长若想培养男孩与人交往的能力，就应在男孩小的时候多给他一些积极的暗示，让他成为一个开朗乐观豁达的人！

小乐今年9岁了，是一个活泼可爱的小男孩，非常受人欢迎，他所在小区的人都很喜欢他，每次见到邻居家叔叔阿姨的时候，他都主动打招呼；当小伙伴们在玩耍的时候不小心受伤了，他总会安慰自己的小伙伴,还教小伙伴们要坚强。在小区里的很多成年人看来,小乐不仅非常懂事,而且说话办事儿都像个小大人一样。因此,大家都很喜欢他,甚至还把小乐当成教育自家孩子的榜样。

而当他们询问小乐的妈妈是怎么培养出这样优秀的男孩的时候,小乐的妈妈则笑着说:“没有什么秘诀,只是从小的时候,我们就教育他凡事要乐观,鼓励他说出自己的想法,鼓励他见人要说话,久而久之,他便养成习惯了。”

### 专家教你男孩怎么养

生活中的家长们应该如何培养男孩的交往能力呢?

第一,培养良好的心理品质。生活中,家长们应有意识地培养男孩诚实守信、善良真诚等与人相处时所具有的好品质,这样,男孩的心胸也会变得开阔,朋友也会越来越多。

第二,教会男孩关心他人。因为只有懂得关照他人的人,才能得到更多人的关照,才能受到大家的欢迎和爱戴,给他人内心一种温暖的感觉。

第三,教会男孩注重施与。这样做能为男孩赢得更多的好朋友。

第四,引导男孩学会感恩。家长们要让自己的男孩明白:一句感谢的话实在算不了什么,但是却能真正赢得朋友的心。

## 第31招

# 领导力

## ——培养男孩的领袖气质

领导力是这个社会所需人才的一项必备素质，尤其是对男人而言，若一个男人缺乏领导力，他便注定与成功无缘。那么，男孩的领导力都从何而来呢?

男孩的领导力是从小锻炼出来的，比如在平常与小朋友玩的过程中，在学校的各种活动中，男孩有很多锻炼自己领导能力的机会。所以，父母要善于抓住这些机会锻炼男孩，有意识把男孩培养成“领头羊”。

那么生活中，父母应当如何培养男孩的领导力呢？首先，父母应当明确何谓领导力，并在培养男孩领导力的过程中做到有的放矢。下面就让我们来看一下要成为一个领导者必备的要素：

· 乐于助人。

· 大方、乐善好施。

· 具有很强的应变能力，了解多方面、多层次的内容。

· 有勇有谋，从不意气用事。

· 有一定的强项，有一呼百应的号召力。

· 待人宽容，富有责任心。

· 良好的人际关系。

·谦虚好学，绝不自大妄为。

只有做到以上几点，男孩才有可能在将来成为成功的领导者，实现自己的理想与抱负。

## 给男孩父母的建议

领导力如此重要，那么，生活中的父母应该怎样提高男孩的领导力呢?

**方法一：因材施教，尊重男孩的特长**

俗话说的好："三百六十行，行行出状元。"所以，父母在培养男孩领导才能的时候，应让男孩在自己兴趣范围内去努力争取领导地位。比如，有的男孩是游戏场上的领头羊，另一些则适合做教室里的排头兵。在一个自己得心应手的活动领域从事组织工作，可以帮助男孩建立信心，培养其领导力。

比如，当男孩说自己将来想成为一名赛车手或者街舞小子的时候，父母首先应做的绝不是呵斥儿子没志向，而应积极地去挖掘男孩在这一领域的潜力，因为无论男孩提出的设想在家长看来是多么的离谱，但只要男孩敢提出来，便说明了他是有勇气的，而勇气是男孩成功的一个基础。

**方法二：多鼓励你的男孩**

小米在一次乒乓球比赛中，因为自己的失误输了比赛。回家后，妈妈不但没有安慰他，反而抱怨说："天啊，我看了你的比赛，你究竟是怎么搞的，那么低级的错误也犯。"小米听了妈妈的话，心情更差了，他什么也没说，径直跑到自己的房间里哭了起来，说以后再也不打乒乓球了。

事实上，父母这样做是非常错误的。要知道，男孩因为自己的失误输了比赛已经很难受了，此时父母要做的不是抱怨男孩的失误或提醒男孩因为他的失误输了比赛，而是应当给予他适当的鼓励。要知道，男孩的信心和勇气有的时候是很脆弱的，所以，当男孩做得不好的时候，父母即便是要批评男孩，也应将批评和赞扬结合在一起！

**方法三：让你的男孩多学习一些知识**

想要培养男孩的领导才能，首先应培养他成为一个博学多才的人，只有这样，男孩才能在他人面前更有权威和号召力。

李博文今年 11 岁，从小他的妈妈就有意识地培养他多学习知识，经常带他去海洋馆、科技馆参观，还给他买了很多国内外的书籍。渐渐地，李博文也养成了这种好学的习惯，现在的李博文在班里是个名副其实的小百科。

一次，学校准备挑选一批学生去香港交流学习，李博文因为博学多才轻松入选，后来又被评选为本次学习交流小组的组长。

由此可见，家长若想培养男孩的领导力，首先应引导男孩认真学习，积累知识，并善于运用知识，成为一个博学多才的人。

**方法四：教你的男孩多问“假如……”“如果……”**

一个小男孩爬滑梯，由于双腿太短，他怎么也登不上滑梯的第一级，于是他跑向妈妈求助。妈妈不是将他扶上台阶，而是反问他：“你能不能想个办法使自己踩上去呢？”小男孩想了一会儿说：“我把我的小车子放在那儿并站上去行吗？”妈妈说：“真聪明！”

可能性思维是领导能力的一个标志，父母要鼓励男孩学会多问：假如我这样做了，会怎么样？

## 专家教你男孩怎么养

领导力决定着一个男孩长大后获取成功的难易程度，那么，生活中家长应当如何培养自己男孩的领导力呢?

第一，日常生活中，家长应给予男孩多一些的鼓励。父母要鼓励男孩多想成功，自信会成功的人才能吸引别人跟随自己。

第二，引导男孩多去尝试。

第三，让你的男孩自己制订一项计划。分析并制订计划的能力是每个领导者都应具备的，因此，家长在培养男孩领导能力的同时，还应注重培养男孩制订计划的能力。

## 第32招

# 自控能力

## ——把握自己才能把握世界

生活中，很多家长都没有对自控教育引起足够的重视，他们大都认为，男孩随着年龄的增长，其自控能力也会随之提高，事实上却并非如此。如果父母未能在男孩小的时候对其自控能力加以培养，那么，男孩长大后就很难良好地控制自己的情绪与行为，很难有所作为。

换言之，男孩只有在小的时候就学会自律，才能在将来控制更多的资源、更多的人脉。反之，一个自幼缺少自律的人，则很容易受到各种主观因素的干扰，很难有所建树。放纵与任性的男孩是很难有什么作为的。

下面是一位母亲的亲身经历：

我儿子今年9岁了，每次带他去逛商场，只要遇见喜欢的，他就朝我要，一不给买，他就又哭又闹，甚至干脆坐在地上不起来，这让我非常苦恼。一次，儿子又在超市里这样朝我要东西，这次，我没有妥协，而是任由儿子哭闹。一会儿儿子的情绪稳定了，我就问他："你都这么大了，怎么每次都像个小孩似的呢？你不能一遇到自己想要的东西就这样啊！"

儿子泪眼婆娑地看着我说："可我就是想要，心里特别的想，我有的时候也不想那样的。”

听着儿子的话，我有些惊奇，于是赶忙去找儿童心理学医生咨询，才知道这是儿子从小缺乏自控意识造成的。医生还告诉我，如果我不及时改变儿子目前的这种心理，及时培养儿子的自控意识，那么，儿子的这种行为到日后就会变本加厉，甚至影响到他日后的正常生活。

## 给男孩父母的建议

由此可见，父母一定要先从日常生活中教育男孩，比方说不能随地吐痰、不要私拆他人信件、不能闯红灯等。男孩大些了，要告诉他基本的道德准则、法律法规，要求他遵纪守法，让男孩懂得控制自己的行为和情绪。那么，父母该怎样培养男孩的自控能力呢？

**方法一：引导男孩自己去辨别该做和不该做的事情**

生活中，家长习惯了直接告诉男孩这件事你能做、那件事你不能做，却忘了要告诉男孩能做与不能做的原因。

因此，家庭教育中，家长们要让男孩知道，有些事能做，有些事不能做；有些行为对自己有利，对别人有害，有些行为对自己可能有害，但对别人却有好处；有些话在一定的场合能讲，但换了地方就不能讲。父母可以通过生活中一些可感可知的事例，进行简单的判断和分析，让男孩知道，为何要这样做而不那样做。久而久之，男孩心中的道德天平也就逐渐地形成了，他们就不会任由自己的性子去行事，在行动之前会有所考虑，有所节制。

**方法二：提高男孩的心理素质**

父母在培养男孩自律能力的同时，还应着重提高男孩的心理素质。对男孩的心理训练，一般来讲，家长可以通过一些日常小事对男孩来进行，比如何时起床、何时就餐、何时到校、何时玩耍，都应有要求、有规矩。在这种规范的约束下男孩就会有意识地克服自己的惰性，努力实现这些目标。男孩的道德水准、意志品质和自控能力都会有明显增强。

晓海是一个初一的学生，与大多数同龄的男孩相比，晓海的自律能力更强一些，这都要归功于他的爸爸，为什么呢？因为从晓海6岁起，他的爸爸就给他制订了一系列的“规矩”，如：吃饭的时候不能东张西望，饭后要帮助妈妈一起收拾碗筷，早上几点钟必须起床，晚上几点前必须睡觉，周末时必须要拿出多长的时间用于学习，出去玩耍最晚不能超过几点回家……久而久之，晓海养成了严格要求自己的习惯。现在住校的他，依然坚持按照爸爸的规定起床、睡觉，很多孩子都会在周末偷偷溜出去上网，但晓海却从来不去，现在的他是同学和老师眼中的三好学生。

**方法三：教会男孩自我反省**

事实证明，一个拥有自控能力的人，往往是一个能够自我反省的人。

日常生活中，家长们可以时常询问一下男孩最近一段时间有什么收获，取得了哪些进步，有哪些做得不好，接下来有什么新打算，等等。

当然，除此之外，父母还应以身作则，为男孩做好榜样，多在男孩面前进行客观的自我批评。如果家长有冤枉男孩、误解男孩的地方，不要放不下面子，而应及时向男孩认错。

**方法四：培养男孩自控能力时应遵循循序渐进的原则**

培养男孩的自控能力是一个循序渐进的过程，不可能一蹴而就，需要家长的耐心与细心。

一次，一位爸爸带着自己的儿子出去玩。当他们路过一个葡萄园时，男孩偷偷地摘了一串葡萄，爸爸看见了儿子的行为并没有当面制止，而是直接带着男孩找到了葡萄园的园主，并且把那一串葡萄的钱付给了园主。在回来的路上，爸爸才对自己的儿子晓之以理，从此，男孩在走过那个葡萄园时再也没去偷葡萄。

后来，学校组织学生去水果园采摘，水果园规定只能摘到篮子里，不能边摘边吃，但很多学生都在角落里边摘边吃，唯独这个男孩没有，他严格按照水果园的要求做，任何水果也没偷吃。

出了水果园后，园长送给他一份奖品，原来，水果园内都有摄像头。而这个男孩也因此赢得了同学们对他的尊重。

这位聪明的父亲有意识地训练儿子的自控能力，帮男孩跨出了把握自己的第一步。学习把握自己，让我们的男孩具有良好的自我控制能力，才能使他们成为自己生活的主宰，从而拥有和谐的生活、成功的事业。

### 方法五：引导男孩正确抵制不良诱惑

妈妈送小亮上学路经一个装修得非常豪华的玩具店，每次经过的时候，小亮都伸着脖子往里面看，里面有很多小亮喜欢的玩具，也有很多正在挑选玩具的小男孩。但是小亮的妈妈都当作没看见，并会在晚上的时候，把自家的实际情况告诉小亮，让小亮知道他们目前无力负担那些价格高昂的玩具。

久而久之，在妈妈循序渐进的教导下，小亮走过那家玩具店的时候，再也不向里面张望了。有一次，小亮生日妈妈带小亮进那家玩具店挑选生日礼物，小亮只选了一件很便宜的玩具，并对妈妈说：“我就要这个吧，其实，这里的玩具和百货市场上买的也差不多！”

生活中，家长不妨也效仿一下上文故事中妈妈的做法，坚持对男孩进行抵抗诱惑的训练，久而久之，男孩的自控能力会有明显增强。

## 专家教你男孩怎么养

父母应当如何培养对男孩成长起着至关重要的自控能力呢？

第一，家长应以身作则，做男孩自律的表率。要男孩养成自控能力，那么父母也就首先要表现出较强的自控能力。如果父母总是经不住诱惑或者磨不开面子，只要有朋友一叫就出去打牌，那么要男孩在玩游戏方面形成自控能力也只能是一句空话。

第二，延迟对男孩需要和欲望的满足。父母不要总是在第一时间满足男孩的要求，不要让男孩的欲望膨胀。

第三，引导男孩养成自律的习惯。培养男孩自律习惯的时候，父母不妨和男孩一起商量制定家庭规则，以便共同遵守，以此来培养男孩自律的习惯。

第33招

# 创新能力

## ——让男孩更容易成功

男孩天生更具探索精神，因此，也更具创新能力。然而，现实生活中，大部分家长却未能了解到培养男孩创新能力的重要性，或是即便注意到了，也未能选择用正确的教育方式培养男孩的创新能力。那生活中大部分的家长是如何做的呢？

“哎呀，太阳是红的，你怎么能涂成绿色的呢？”一位妈妈看着儿子的图画说道。

一个男孩正在家里制作自己要参加风筝大赛的风筝，妈妈走过来，拿起来看看，对自己的儿子说：“你这画的是什么啊，你没看见大街上风筝的图案吗？你画的这个肯定赢不了！”

…………

家长们看到了吧，我们总是拿一些成形的规矩来阻碍男孩的创新思维，禁锢男孩的发展。想要培养男孩的创新能力，父母一方面要多鼓励男孩创造性地提问，并给男孩以科学的回答，更重要的在于鼓励男孩对问题提出更多的答案。

有个3岁的男孩问爸爸：“吹电风扇有风，那你为什么不把窗关上？关上窗风跑不出去不就更凉快了吗？”接着父亲耐心地把电风扇与气温和为什么开窗的关系讲给男孩听，还不忘问男孩：“你知道风还有什么作用吗？”男孩想了一会儿说：“把树叶刮掉、吹火做饭、放风筝……”尽管男孩的回答看似可笑，但这种教育方式对培养发散性思维、开发创造力极有好处。

## 给男孩父母的建议

那么，父母该怎样培养男孩的创新能力呢？

**方法一：培养男孩绘画、音乐等方面的特长**

绘画和音乐最易诱发孩子的想象力，也是最为孩子所能接受和喜欢的一种形象表现形式。孩子的画技及欣赏音乐的能力虽然不高，但却能表达自己的思维活动过程。

对男孩的画，家长不要过分强调男孩画得多么像，而是应当多鼓励男孩去想。如在纸上画出许多圆，让男孩发挥想象添几笔，看圆能“变”成什么。男孩可能会从单一的一个太阳、一个皮球……想到用圆组合出熊猫、一束气球、一群小猫等有情节的画面。

而当给男孩播放音乐的时候，家长也应记得不要忙着先做鉴赏家，而是把这个机会留给自己的男孩，让他根据自己的想象力去感受音乐，并鼓励男孩根据自己听到的音乐去感想，无论男孩对音乐的理解是否准确，家长都不应急着去评论，而应以鼓励为主。

**方法二：让男孩在实践中提高创新能力**

日常生活中，家长应鼓励并要求男孩多动手。从小要求男孩自己的事情自己做，做力所能及的家务，并通过玩积木、捏泥人、做纸工、拆装简单机械等男孩感兴趣的活动来培养男孩的动手能力。同时，鼓励男孩在游戏中模仿成人的多种活动，凭借想象扮演多种角色，表现多种生活情境，自己动手解决游戏中遇到的困难和问题。

**方法三：开发男孩的右脑**

众所周知，人的大脑分为左脑和右脑，并具有不同的功能。左脑是处理语言，进行抽象思维、聚合思维、分析思维的中枢；而右脑则是处理表象，进行具体形象思维、发散思维、直觉思维的中枢。

儿童行为专家研究发现，右脑与人类的创造性活动有密切联系，因为在创造过程中起重要作用的想象、直觉、整体综合等等，都是右脑的机能。

因此，家长若想提高男孩的创新能力，就应适时地开发男孩的右脑。如让男孩左手拍球、绘画、抓握物体、剪纸片、传递物品等，用左脚单腿跳、踢球、踢毽子等。

**方法四：尊重男孩的探索心理**

受激素分泌的影响，小男孩的脑子里总是有那么多让大人不解的新奇想法：

一个5岁的小男孩，为了想知道收音机里谁在说话，就把一台崭新的收音机拆开，当然，他肯定没有办法再还原。

3岁的小凤用家里的电话打了一通美国长途，只是因为他想找超人。

小山把奶奶种植的玫瑰全都弄死了，其实他不过是想快点看到玫瑰花，于是，一连三天到院子里去浇水，“拔苗助长”。

…………

这些奇怪的念头让人啼笑皆非，然而正是这些古怪的想法促使他们去发现、探究。童年时期探索、发现的欲望得到满足，长大以后这些欲望便成为他进行创造活动的强大动力。有些父母讨厌男孩喋喋不休、问这问那，对男孩的奇思异想、反常规行为不屑一顾，甚至嘲笑、挖苦，最终只能抹杀男孩的创造力。

## 专家教你男孩怎么养

家长应当如何提升男孩的创新能力呢？

第一，鼓励男孩讲出他所知道的故事或让男孩自己编故事。

第二，培养男孩质疑的精神，教男孩多问为什么。如何鼓励男孩质疑呢？首先，对男孩的提问或反问要表现出耐心和喜欢；其次，可规定男孩至少每天提出一个问题；再次，经常向男孩发问；最后，将男孩置于一种似会非会、似懂非懂的问题情境中，促使他们开动脑筋、思考问题、解决问题。

第三，给男孩创造一种自由的家庭气氛，充分发挥男孩的独立性。

## 第34招

# 实践能力

## ——让男孩成为未来精英

俗话说得好，“实践出真知”，实践能力不仅能够让男孩获得更多的知识，还能够促进男孩的大脑发育。

下面是一位母亲的育儿故事：

李女士的儿子今年参加了全国小学生奥数比赛，并取得了一等奖。学校为此还专门给李女士的儿子开了一个表彰大会，大会结束后，很多家长过来询问李女士：“你儿子是不是参加了培训班，是哪家培训班啊？”

“我没有给我儿子报培训班啊！”李女士解释道。

“这怎么可能呢？我给我儿子报了很多培训班，可他的成绩还是不理想，你的儿子学习这么好，怎么可能什么培训班都没报呢？再有，我听说那奥数比赛的题，一般老师课上都不会讲，大都是在外补习学到的。”

“但实际上，我的儿子真的没有参加什么补习班，他的周六周日都是自己安排的，我所做的就是经常给他买一些组装类的玩具、益智游戏的光碟而已。”

“不是吧，这么简单？”

“没错，就这么简单，我把时间交给儿子自己去利用，让他动手实践，因为在我看来，动手实践比干坐着读书更能让男孩学到知识。”

事实的确如此，让男孩自己去实践，远比让他搭上所有的业余时间死读书来得好。然而，在中国，这种实践教育却未能得到足够的重视，中国的父母大都把眼光投向了男孩的学习成绩，而忽略了实践能力对男孩成长的重要性。

## 给男孩父母的建议

**方法一：为男孩提供动手的机会**

事实上，如果男孩欠缺动手实践的能力，那么就一定是父母的责任。为什么呢？因为父母未能尽到责任，没能给男孩提供动手实践的机会。

其实，很多时候，我们的男孩已经有了动手实践的意识，比如，他说想要一些木板给小狗盖一间小房子，想要买一些电池和小工具做一个小机器人……可父母是怎样回复男孩的呢？不外乎“你现在的任务是学习，给狗造什么房子啊，赶紧去学习”等等。

因此，当男孩提出合理的要求，有动手实践的意图时，父母就应顺应男孩喜欢动手的规律，给他提供一些安全的小工具让他自己制作，培养其动手实践的能力。

**方法二：适当地让男孩参与劳动**

现代生活条件好了，男孩都是被父母宠大的，平时在家一点家务都不做，久而久之，男孩难免会养成好吃懒做的恶习。

为了避免男孩养成坐享其成、好吃懒做的恶习，家长不妨根据男孩的年龄制定一些规矩让男孩来遵守。比如每周必须要大扫除两次，放学后不能把鞋乱丢，自己的房间要每天收拾一遍等等。分配男孩一些他们能够胜任的事情，从男孩自我服务劳动开始，让他获得成功，从而激发他对动手实践的热情。

欣欣今年9岁了，因为家庭条件很好，欣欣从小就养成了好吃懒做的习惯，在他看来，家里的保姆阿姨都会替他做好的。

一次，欣欣的爸爸让他去外面取报纸，他先是装作没听见，而后就对爸爸说："这些事情你可以找保姆说啊，我正看动画片，你没看见吗？"

爸爸听到欣欣的话语感到既诧异又气愤，呵斥了欣欣一顿。欣欣最后满脸不乐意地拿来了报纸。

还有一次，欣欣的爸爸去国外出差，回来的时候，给欣欣买了一份纪念版的那个地方的城市广场拼图，但欣欣却连看都没看。爸爸问他为什么不去拼拼看，他说："很累啊，而且很没意思，再说了，只要我想去，你们就会带我去，我何必去拼图呢？"

这一次，欣欣的话彻底让他的爸爸生气了，生气之余，他也开始思考欣欣出现上述行为的原因。原来，长久以来，欣欣已经习惯了衣来伸手、饭来张口的生活，基本上完全丧失了自我动手实践的能力。欣欣的爸爸作为一个事业上还算成功的商人，他太清楚实践能力对一个男人的重要性了。于是，他决定改变对欣欣的教育方式。他观察到欣欣比较喜欢赛车，就买来很多需要组装的赛车，和欣欣一起组装，并且还和欣欣打赌，谁组装得慢就要负责扫地。欣欣年龄小，肯定没有爸爸组装得快，所以，只好愿赌服输地去扫地了。

**专家教你男孩怎么养**

家长应当如何在日常生活中培养男孩动手实践的能力呢？

第一，为男孩提供必要的动手实践的条件。

第二，带男孩参观科技馆、工厂等地方，增强男孩的感性认识，提升男孩的实践能力。

第三，锻炼男孩的自理能力，如整理玩具、打扫房间、洗小物品等。

# 第35招

# 决断能力

## ——教男孩果断做事

出门时，穿牛仔裤还是运动裤？晚饭时，吃土豆丝还是番茄炒蛋？报特长班，选择音乐还是美术？……在男孩的成长过程中，经常会面临大大小小的选择。有些孩子可以很快地做出决定，有些孩子则是犹豫不决，凡事都依赖别人，没有自己的主见。说到底，他们少了一种决断能力。

什么是决断能力？就是在面对任何事情的时候都能当机立断，不思前想后，不前怕狼后怕虎。对于男孩来讲，做事果断实际上是一种智慧和才能的体现，也是男孩未来能取得成功的关键。

假如男孩少了决断能力，就会变得优柔寡断、依赖性强，解决不了实际问题。不信我们看看下面这则故事：

有一个男孩帮妈妈去定制新鞋，当时鞋子的样式有两种：一种是圆头的，另一种是方头的。鞋匠问男孩要选择哪种，男孩一时间没了主意，一会儿说做圆头，一会儿又说要做方头的。在少年游移不定之时，鞋匠已经把鞋子做好了——一只做成了方形，一只做成了圆形，根本无法再穿……

这个故事告诉我们，优柔寡断的人无法行事，他们往往错失掉很多机会，很可能忙碌一生也毫无建树。因此，父母们应从小培养男孩的决断能力，为把握男孩的人生机遇打下坚实的基础。

## 给男孩父母的建议

决断能力的培养并不是靠说教来完成的，需要家长在男孩的实践中通过事例进行引导，那么，父母该如何培养男孩的决断能力呢?

**方法一：决断能力需从男孩很小时就开始培养**

李先生的儿子李兴是一个性格非常爽快、做事果断的孩子，从不拖拖拉拉，不管是在家里还是在学校都非常受欢迎。这主要得益于李先生的教育。

李兴很小的时候，李先生会刻意让李兴自己去决定许多他力所能及的小事，比如电视看哪个频道、出门穿什么衣服、晚上吃什么饭、压岁钱怎么分配等等。

即使遇到什么难事了，李先生也尽量让李兴自己做主。李兴上二年级的时候，有一次李先生开车送他上学，但是路上堵车迟到了。李兴怕挨老师的批评，就坐在车里哭，还一定要爸爸陪着才肯进教室，否则就不下车。但是，李先生果断地拒绝了李兴的请求，同时给了李兴两个选择：一个是自己进教室，另一个就是立刻回家。结果，李兴不得不自己走进了教室。

那天回到家以后，李先生明确地告诉李兴："许多事情是你自己必须解决的，不能依靠别人的帮助。要知道，很多事情你今天不想面对，明天还是一样需要你去面对。"

就是在这样的教育下，李兴才拥有了当机立断的能力，现在的他已经是学校少先队的大队长了。

父母把本该由孩子决定的事揽过来自己承担，这其实是害了孩子。父母在男孩面前必须态度明确、行为果断，以此来潜移默化地影响男孩。如果男孩有了优柔寡断的倾向或习惯，就要立刻帮他改正，不要让它在男孩的身上生根发芽，否则会影响男孩将来各种的进取机会。

**方法二：帮男孩摆脱依赖心理**

不少男孩缺乏主见，他们遇事总是去问别人该怎么办，完全等着别人拿主意，这是男孩的依赖心理在作怪。

小胜是一个非常没有主见的男孩，做什么事情都是优柔寡断的。有时候，做一个决定，他要征求很多人的意见。即使这样，他也可能决定不了。

有一次，妈妈让小胜报一个特长班，让他在钢琴班和书画班中任选一个。小胜犹豫了好久，也不知道选哪一个好，于是，他问妈妈：“您觉得我该选择哪一个呢？”妈妈说：“你自己决定吧！”但是小胜犹豫了好久，还是没有做出选择。

一直到两个特长班都开课一周了，小胜还在犹豫呢！小胜的妈妈气得直摇头：“我的儿子做事这么犹豫不决，将来能适应社会吗？”

如果男孩遇事犹豫不决，向父母征求意见，父母不要马上给出答案，而要引导和鼓励他拿出自己的意见。哪怕男孩说出的意见没有多少价值，也要先予以鼓励的语言，再帮其完善。这样一来，男孩果敢的性格就会逐渐形成。

**方法三：鼓励男孩当机立断，勿求万全之策**

上四年级的泉泉做事总是犹豫不决。每次上超市买零食，他都会挑来挑去，拿起这个再放下那个，根本拿不定主意；妈妈领他去商店买鞋，他东挑西拣，选了一个上午才买到合适的。为此，泉泉的妈妈犯了愁——儿子如此优柔寡断，以后进入社会怎么办？于是，她暗下决心，要培养泉泉的决断能力。

从此以后，泉泉妈妈总是故意为儿子制造一些选择的机会，并鼓励他当机立断。比如，一起买东西时，泉泉妈妈不再为泉泉出任何主意，只是在一旁告诉儿子要相信自己的直觉，喜欢哪个就买哪个；做事不要力求完美，不要考虑太多。渐渐地，泉泉做事越来越果断了。

有些男孩遇事优柔寡断，犹豫不决，主要的原因就是怕自己考虑得不够周全。但是，万事不可能十全十美，父母要让男孩懂得，凡事能有七八成的把握，就应该下定决心，这对于培养男孩的果断性格会大有益处。

**专家教你男孩怎么养**

遇事果断地做出选择，是一个男孩智慧和才能的体现，那么父母该如何培养孩子的这种能力？

第一，要孩子在做事之前明确自己的目标，这样他的态度才会鲜明，遇事才不会含糊。

第二，决断力实际上也是孩子珍惜时间的一种表现。你要告诉孩子，拖拖拉拉是不珍惜时间的表现，果断地处理事情就可以节约时间，让自己做更多的事。

第三，决断力其实也是一种领导才能的体现。平时应试着培养男孩的个性，这样他遇事才会充满自信。

## 第 36 招

# 应变能力

## ——从容应对各种状况

现实生活中，很多家长都认为男孩的应变能力根本不需要培养，等男孩长大之后应变能力自然就有了，但事实上是这样吗?

男孩早晨上学时天气好好的，但到了中午放学时却下起了雨，这时男孩该怎么办?男孩与几个同学约好了一起去书店买书，结果男孩到了书店后，其他同学一个人也没来，这时男孩该怎么办?男孩放学到家后准备拿钥匙开门,却找不到钥匙了,这时男孩该怎么办?男孩一人在家时，家里来了客人（甚至可能是男孩不认识的人），这时男孩又该怎么办?……这些事情都很考验男孩的应变能力。如果男孩没有很好的应变能力，那么他就不能很好地处理这些突然发生的变化和预料之外的情况。

一次，小明和小亮约好了去游乐场玩耍，结果到了游乐场，迟迟未见小亮，这时小明决定给小亮打一个电话问问，看他到底还来不来，于是，就拨通了小亮家里的电话。接电话的是小亮的妈妈，小亮的妈妈告诉小明，小亮和他爸爸很早就出门了，可能是路上堵车吧。

于是,小明又管小亮的妈妈要来了小亮爸爸的电话。拨通电话后，小明得知，小亮他们果然是因为路上堵车耽误了。

上面这个故事中，小明遇到了很多突发事件，先是小亮没能及时赴约，随后打到小亮家又未能找到小亮，最后还是要到了小亮爸爸的手机号才联系上了小亮。从以上突发事件里小明的反应中我们不难看出，小明是很具应变能力的，他没有慌乱，反而冷静下来试着联系小亮，并询问小亮未能及时赶到的原因。

我国古代神童孔融10岁那年的一天，到名士李膺家做客。当时，登门拜访者都是社会名流，孔融面对众位客人友好、不友好甚至是恶意的问话皆对答如流，不卑不亢，深得众宾客称赞。但有一位叫陈韪的大夫不以为然地讥讽道："小时候聪明，长大了未必也聪明！"陈韪此言一出便全场默然，人们纷纷把目光投向孔融。孔融镇静了一下立即回答："我想，先生小时候一定很聪明吧？"孔融此言一出，语惊四座，众人不约而同拍起双手，把陈韪弄了个大红脸，半天没吱声。从此，神童孔融的名声更大了，成为众人仰慕的对象。

看，这就是应变能力的神奇，它能够让男孩面对突如其来的情况临危不乱。

## 给男孩父母的建议

### 方法一：让男孩明白"计划赶不上变化"的道理

每个人做事情前都会简单地规划一下，比如，父母决定要带男孩外出游玩一般会提前做行程规划，但在执行过程中极有可能会被突然出现的变化而打断或打乱。因此，父母应当让男孩明白"计划赶不上变化"的道理，让男孩对突然出现的情况有一个心理准备。例如，父母想带男孩出去玩，就可以这样说："如果明天天气很好，而且我和你爸爸没有什么突发的工作要做，我们就去郊外游玩好吗？"

### 方法二：与男孩一起分析突发的事情

很多发生在男孩身边的事情是不能被预见的，比如男孩放学回家的路上遇到了陌生人，说要带男孩出去玩，男孩应该怎么办呢？

这就要求父母在平时应将可能出现的情况都告诉男孩。例如，不要和陌生人一起出去玩；不要随便吃别人给的东西；不要把钥匙拿在手上，以免丢了；不要随便把自家的电话号码、住址等告诉陌生人……

**方法三：教男孩掌握一些应变突发事件的技巧**

男孩小的时候，遇到突发的事情不知道如何应对是很正常的事情，这就要求家长平时多教男孩一些应对突发事件的技巧。比如，告诉他如果放学路上突然下大雨，应该先找一处地方避雨；如果与父母联系不上，就可以先到哪个亲戚或邻居家做作业，并且要将在哪个人家、联系电话是多少等情况告诉自己的父母，以便父母找男孩时能联系得上……

**专家教你男孩怎么养**

家长应当如何培养男孩的应变能力呢？

第一，让男孩在制订计划的同时，就想好如果事情有变该如何应对。

第二，耐心地与男孩一起分析突发事件的原因，并帮助男孩一起寻找解决的办法。

第三，在教给男孩一些应对突发事件的技巧的同时，也应帮男孩摆正心态，让他把应变能力与说谎、骗人区分开来。

第37招

# 选择能力

## ——做一个有主见的男孩

下面是发生在一位母亲身上的故事：

我32岁那年才有儿子，因此，我的儿子从出生起，就备受全家人的疼爱，儿子想要的东西没有不满足的。为了让儿子生活得轻松一些，全身心地投入学习，他所有的事情也都是我们安排的。

小学的时候，我们给他安排了要考什么初中；上了初中后，我们又安排儿子去补课，告诉他该考什么高中；上了高中，我们又告诉儿子，要学理科，高考的时候报什么大学；上了大学之后，我们又告诉儿子我们已经给他安排好了出国留学。

现在儿子已经回国了，但他却迟迟没有去找工作，长期以来的我们安排的教育方式，让儿子完全丧失了选择的能力。我问他："国外有一份很不错的工作，为什么不留在那边呢？"没想到儿子却说："事实上，有很多份不错的工作，可是我不知道该选择哪一份，后来想干脆还是回国吧，你和老爸一定会帮我安排的，我又何必自己选择呢？"

…………

为什么会发生这种情况呢？这与中国父母对男孩的溺爱及错误的教育方式是脱不了干系的。大多数中国父母生怕男孩在成长的道路上受一点挫折、伤害，习惯了使用越俎代庖的方式，替男孩设计人生规划；与此同时，中国的男孩也习惯了对父母的安排言听计从，甚至如果没有父母的安排他们就会手足无措，不知道该怎么办，至于“选择”二字根本就没有在他们儿时的字典中出现过。

然而，时代在变化，现在的社会是自主选择的社会，人将拥有更多的选择，我们必须积极地管理自己。时代变了，对人的培养模式也要相应地随之改变。

对于生活在当代的年轻人来说，他们长大后将要面对更多的竞争，他们必须自己去选择行业、公司、上司，选择是独自创业还是入职……简言之，成年男人每天将要面临无数的选择，小到穿什么，大到求职、就业、婚姻、家庭生活。因此，他们需要很强的独立性、责任心、选择能力、判断力来对此做出应对。

## 给男孩父母的建议

那么怎样培养男孩的自主选择能力呢？

**方法一：给予你的男孩足够的信任**

其实大多数父母也都清楚选择能力对于男孩的重要性，但之所以没有把选择大权交给男孩，主要是害怕男孩自己做不好选择，说白了，就是对男孩不信任。但事实上，往往家长越害怕男孩做不好选择，男孩就越难做好选择。

生活中，还有很多家长出于对家里“独苗”的关爱，包办了儿子日常所有的事情，从早晨起床、吃饭到上学、回家、做功课，能想到的、能做到的都替男孩做了。从表面来看，这是关心男孩的表现，实际上却“培养”了男孩的依赖性，这种依赖让男孩主动放弃了选择。

其实对于大部分男孩来说，他们并非喜欢现在这样完全依赖于家长的生活，他们在内心深处也是渴望父母能够信任他们，将选择大权交给他们自己，让他们自主地选择的。如果父母能够经常说“你能自己做出选择”“我相信你能办好”之类的话，男孩就会大胆去尝试。

那么，家长们应当如何培养男孩选择的能力呢？其实很简单，首先要相信你们的男孩，要懂得倾听男孩的心声并尊重他的想法，让男孩自己做出选择，然后给予合理的建议并加以指导就行了。

**方法二：留给男孩独立的空间让他自由成长**

我们总是在提倡要给男孩空间，不断地告诉家长，小男孩也是一个独立的个体，他也有自己的观念和判断。但很多家长依然没有意识到独立空间对于男孩健康成长的重要性，常常强迫男孩在大人的空间内成长，让他们随着家长们的意愿生活，殊不知，这样做只能让男孩日渐丧失独立和自主选择的能力。

一个男孩如果没有足够的自由发展空间，没有足够的实践，将来需要做出自主选择的时候就很可能束手无策，要知道，谁也不可能一出生就能自主选择。

所以，聪明的父母应该从小培养男孩自主选择的能力，给男孩多一点属于自己的空间，比如可以每天给他一段自己可以支配的时间，只要不出危险，可以自己安排最愿意做的事。男孩可以利用属于自己的时间，出去玩耍、看书、画画……即便他只是静静坐着发呆，久而久之，他也能够学会安排和计划。

**方法三：引导男孩正视自己**

为进行科学选择，父母在男孩成长过程中应该帮助男孩认识自己。很多时候面临选择时，有人常会不知自己到底喜欢什么。

父母要从日常生活中发现男孩的一些个性、特点、习惯、兴趣、爱好等，帮助男孩正确全面地认识自己。因为选择的过程也是一个知己知彼的过程，需要了解自己的方方面面，才能更好决定取舍。常会听到有些男孩说自己没有什么特别的兴趣和爱好，或者今天的兴趣是这个，明天又变成另外的了，这都是父母平时很少注意培养男孩的兴趣造成的。

**专家教你男孩怎么养**

家长应当如何引导男孩更具选择能力？

第一，尊重男孩的选择。如果男孩认真考虑后做出了决定，父母就应该支持他。

第二，让男孩成为自己的主人。父母要让男孩知道：有些事情父母可以提供意见，但最后的决定权还在他自己；而且，随着他的长大，这些事情会越来越多。

第三，不要用太多规矩限制男孩的自由。要让男孩去做他自己喜欢做的事，让他有一片发挥的天地。

## 第五章

# 财商教育，给男孩富足的未来

男孩的零花钱究竟该给多少？

如何才能让你的男孩具备商业投资头脑？

怎样才能让他明白钱来之不易，学会节省？

在不同的阶段，应当如何培养男孩的理财意识？

…………

无数事例证明，男孩从小就接受理财、财商教育，将更有利于他们今后的发展，有助于帮助他们实现人生的梦想。因为，理财能力是每一个人必备的素质，尤其是在这个商品社会中。家长们在男孩还小的时候就有意识地培养他们的理财能力，提高他们的财商，将直接关系到他们一生的幸福与发展。

## 第38招

# 帮助男孩树立正确的金钱观

从男孩懂事起，他就知道有一种东西叫作“钱”，而钱可以满足他的要求，比如用来买吃的、玩的。随着男孩年龄的增长，他对钱的认识会逐步形成，但多半还是建立在购买欲望之上，此时，男孩知道，钱不再是单纯的纸币或者硬币，而是一种可以满足他们多种需要的“东西”。

李亚男5岁了，一天，他的妈妈问他长大以后的理想是什么，没想到小家伙竟然说：“我长大后想要很多很多钱！”

“儿子，你为什么想要很多钱呢？”妈妈又问。

“因为我要买很多东西，好玩的、好吃的，还有小东每天看的漫画书……有了钱我才能快乐地生活。”

妈妈听着儿子的话，没有说话，心里却开始反思起来：儿子这么小，却已经把大部分精力都放在了购买欲望上，想要很多钱也只是为了满足自己的欲望，将钱错误地定位在购买之上。想到这里，妈妈又对儿子说：“儿子，钱不是万能的！生活中的很多快乐都是钱买不来的！”

事实上，类似的问题，大部分家长都曾经遇到过，却鲜有家长重视，其实，当男孩说出类似的话的时候，就意味着你要对你的男孩进行必要的金钱教育了，让他正视金钱。

## 给男孩父母的建议

金钱教育对于当下的男孩来说非常重要，家长们应提早对自己的男孩进行金钱教育，摆正男孩对金钱的认识，培养男孩建立正确的金钱观念。下面我们就来看看家长可以从哪些方面摆正男孩对金钱的认识：

**方法一：别用“买不起”拒绝男孩的要求**

现实生活中，我们总能听到家长在拒绝男孩的购买要求时这样说：“这个不买，我们买不起，我没有钱。”事实上，也许你的确买不起，但更多的可能是你不想把钱花在不应该花的地方，不想娇惯男孩，那么，作为家长的你，为什么不把不给男孩买的真实理由告诉他们呢？所以，下次再拒绝男孩购买的要求时，不要再以“买不起”为理由，而应坦白告诉男孩不买的理由，别怕他听不懂。

**方法二：让男孩们知道，钱不是钱包和银行卡变出来的**

男孩子傲今年5岁，他想买一个新款的滑板，就对自己的爸爸说：“爸爸，你给我三百块钱，我去买一个新款的滑板好吗？”

“儿子，抱歉，爸爸现在手头上没那么多钱，我刚刚还完我们家汽车的贷款，等到爸爸发工资之后再说吧，好吗？”

“你手头上没钱，你就去银行卡上取吧，好吗？每次你没钱的时候不都去银行卡上取钱吗？那上面肯定有啊！”

“爸爸所有的钱都用光了，银行卡上怎么会有钱呢？银行卡上的钱也是爸爸每个月存在上面的。”

“你的银行卡里面真的没钱吗？”

…………

从上面这个故事中，我们就不难看出在小男孩的脑子里，银行卡和钱包就是很神奇的东西，总能有钱变出来。他甚至以为爸爸妈妈的钱就是那么变出来的，非常容易，所以他们要花钱买点东西也不算什么，一刷卡或一打开钱包就行了，可是事实上是这样吗？当然不是，家长们自己知道，那些钱都是辛苦赚的，既然如此，你为什么不让你的男孩也知道这件事儿呢？

所以，从现在起，可以适时地和他一起学习一些关于“卡”的简单知识。

家长可以在刷卡消费之后，与孩子一起查看刷卡的账单，与此同时，家长还可以告诉他现在已经花了多少钱了，还能花多少钱。同时，家长还应该告诉男孩，取出来的钱是干什么的，比如交电费、还贷款等等。即便你的男孩只有三岁，你经常在他面前这样说，久而久之，他也能够懂得钱的用途是什么，也能清楚地明白钱不是卡变出来的，刷卡与花现金付出的钱是一样多的，这对男孩来说意义非凡。

**方法三：让男孩知道钱花在了哪里**

很多家长总是对男孩说“你花了很多钱”，但事实上男孩并不知道自己花了多少钱，久而久之还会对家长产生逆反心理，认为家长吝啬，不给自己花钱。其实，家长应当让男孩清楚地意识到自己花了哪些钱，无论一块小小的橡皮还是一个冰激凌，家长都应该把花销的明细告诉男孩。久而久之，他也就能明白，为什么自己想要买一个雪糕可以轻松实现，而买一个几百块的篮球他们就要等上很长时间。

此外，很多家长逛完超市回家后都会自己核对账单，此时，你不妨把账单交给男孩，并对他说：“来，小男子汉，帮我对对今天的账单，对应每件商品，看有没有算错的，再看看上面的价钱！”

一般来说，男孩子们都很乐于做这件事，因为他们觉得这是家长分配自己的任务，是信任自己的表现。这样一来，男孩在对账单的过程中就很容易了解到家庭的日常开销状况，并能清楚地了解到自己有哪些开销。

**专家教你男孩怎么养**

日常生活中，家长应当怎样引导男孩摆正对金钱的认识呢?

第一，正确的用语引导男孩。尽量不要总是在男孩面前说“买不起”“要是有钱就好了”“有了钱咱们会更幸福”的话，以免误导男孩，让他觉得只有有钱才能幸福。

第二，清楚的账单分析法。无论购买多么小的东西，家长都应该让男孩知道他花了多少钱，从看账单让男孩正视自己的花销，让男孩对金钱有一个正确认识。

## 第39招

# 男孩的理财观念要从小开始培养

虽然大部分家长都已经意识到理财对男孩的影响，但我们还是时常能听到这样的话语：

“我儿子太小了，他连钱是什么都不知道呢！现在理财太早了。”

“小孩子的世界很单纯，过早地让他接触理财，会不会让他变得庸俗？”

“我反对给孩子零花钱，让他自己去消费，那样绝对会养成孩子乱花钱的坏习惯。”

…………

事实上，父母的担心是必要的，但如果以此为借口而不对男孩进行理财教育，则是大错特错的。随着年龄的增长，孩子不可避免要与钱打交道，特别是接触社会之后，理财能力的好坏，直接影响到他今后的生活是富裕还是贫穷。

尤其是对于男孩来说，他注定要成长为一个要承担很多责任和义务的男子汉，社会所要考验他的不仅限于智商、情商，还有财商。

欧美国家，从孩子3岁起，家长们就开始给孩子上有关理财的课程，等孩子8岁时，家长们便会为孩子建立独立账户，让孩子自己管理。在美国，当孩子年满10岁后，他们大部分的零用钱都来自自己，有的可能是帮助邻居照看孩子得来的，有的则可能是因为帮助父母修草坪得来的……

但是，在中国，大部分10岁以上的男孩都没有一种确切的金钱意识以及劳动意识，他们大都不会想办法通过自己的劳动赚取零用钱，而多半是伸手朝家人要钱。相关调查研究显示，欧美男孩13岁时就能懂，中国男孩常常年过20了还不清楚的事情，就是有关银行业务、金融投资等理财手段。由此，我们也不难看出，我们的男孩在理财这方面的起点就已经输了。

所以，作为新时代的家长，一定要从小培养男孩的理财意识，把财商教育尽早提到教育男孩的日程上来。

## 给男孩父母的建议

培养男孩的理财能力是一个循序渐进的过程。家长对男孩进行理财教育，应遵循其智力发展的规律，按照年龄阶段的不同，采取相应的调整。一般来讲，根据不同年龄段的男孩，培养他们的理财能力主要有以下三种方法：

**方法一：5岁前，灌输男孩对金钱的正确认识**

5岁前的男孩，受年龄限制，他们大都无法理解抽象的概念，只会对具体的东西感兴趣。因此，此阶段的男孩，父母应该传授一些相对简单的金钱知识。

男孩不良消费习惯的养成往往在其5岁的时候就初见端倪了。因此，在这个年龄段，学会拒绝男孩的无理要求是家长必须要做的事情。

如果家长们因为孩子的哭闹或者央求心生不忍，满足孩子的无理要求，那么，这种妥协就会不断发生。的确，从表面上来看，家长们满足孩子的要求，大都是出于对孩子的爱；但从长远来看，这种爱却是充满危险的，换言之，它对你的男孩来说是一种变相的伤害。

此外，家长在对男孩进行理财教育时，不要妄想一口吃出一个胖子，要一点一滴地慢慢培养，否则就难免出现你费了一番口舌，而你的男孩一句也没听懂的现象。

**方法二：6 ~ 12 岁，教会男孩理智消费**

下面是一位母亲教育儿子学习理财的故事：

我的儿子今年 9 岁了，从他 7 岁起，我就开始按月给他零花钱，并且为他买了一个小账本，告诉他要把每天的花销都记在上面，即便是买了一块橡皮也不能落下。就这样，每个月我在给儿子零花钱之前都会翻看他的小账本，并且和他一起分析上面哪些该买、哪些不该买，让儿子有意识地省钱、存钱，学会理财。

一般来讲，6 岁以后的男孩主动性增强，这主要体现在他们会向父母提出一些要求，比如说，想要购买一件上衣。因此，在此期间加强对男孩消费观念的教育尤为重要。此外，多带孩子去银行，让孩子看着自己是如何开户、存钱，甚至投资购买基金的，这样，久而久之，孩子也会学会利用银行进行储蓄，甚至是投资理财。

另外，生活中，当男孩提出一些不合理要求时，家长应当及时帮助孩子区分“想要”与“需要”之间的区别。告诉你的男孩，“想要”大都是一种无理的需求，没有正当的理由；而“需要”则是确实对生活有所帮助的消费。渐渐地，孩子在想要购买一样物品之前，就会先考虑购买理由，并学会自己分析消费的理由是否合理，久而久之，男孩便能控制自己盲目消费的欲望了。

**方法三：13 ~ 16 岁，教男孩一些投资知识，让他在有计划消费的同时学会赚钱**

13 岁以后的男孩，大都已经进入中学时代，换言之，也就是度过了自己的童年时期。这个阶段的男孩，独立意识、思维能力都有所增强，因此，这个阶段的男孩大都已经形成了自己的消费观。

在这个阶段，家长在教育男孩理智消费、有计划地消费时，除了要教会男孩理智购物和货比三家之外，还应教他掌握一些花钱的技巧。如在购物前列清单；规定目标物品的价格范围，如果超出价格范围，可以考虑更换物品或者货比三家……

此外，父母还应该积极地为这个年龄段的男孩创造自己赚钱的机会。

下面是一位父亲的经验：

我的儿子14岁了，为了培养儿子的理财意识，我决定暑假让儿子出去做兼职。虽然他的妈妈起初一度反对，说孩子要以学习为重，可在我看来，让孩子自己去实践、挣钱，经受磨炼远比闷在家里心不在焉地看书要重要得多。

于是，我鼓励儿子去找兼职。两天后，儿子成了一家电器销售的户外暑期工。刚上班三天，儿子就被晒得很黑。他妈妈怕他中暑，就说要不别去了，还没等我说，儿子就先拒绝了。儿子说："我爸说了我得自己去锻炼锻炼，而且赚的钱，除了上交老爸一半用来支付明年的学习资料费之外，另一半我也有别的打算。"

就这样，儿子坚持下来了。他在那里做了30天的兼职，因为表现好，老板还想继续用他，所以，他就在周六周日继续去。转眼间两个月的时间过去了，儿子变得越来越懂事，而且学习成绩不仅丝毫没落下，反而更好了。

最令我兴奋的是，儿子用自己的那一半工资还做了一笔小生意。他从我的一位好朋友那里找到了一份差事，批发一种干海产品，他的进货价是11元，卖货价是12.5元。就这样，短短的半个月时间，儿子就用自己的1000元又赚了1000多元。儿子在赚到钱后，还给我那位朋友买了两瓶酒，当作答谢，现在那位朋友一见到我，就夸我儿子懂事、能干。

这位爸爸做得非常棒！既让男孩体验了赚钱的不易，也让男孩学会了理财投资及人情世故。虽然这只是生活中的一件小事儿，但是对培养男孩的理财意识来说，确是非常重要的：会让男孩树立起理财信心，明白生活中所有的回报都必须要有付出。

### 专家教你男孩怎么养

家长应当如何帮助男孩提高财商？

第一，为男孩灌输正确的金钱知识。

第二，教育男孩养成理智的消费观。

第三，适当地培养男孩的投资意识。

第40招

# 学会记账

## ——教男孩理财的第一步

现在经济条件好了，不少家长都会按月给自己的儿子发放零用钱，让他们自己去管理财务，但是很快父母们就发现月初刚发放完的零用钱，还不到10天就会被男孩们花光。这个时候，家长便会责怪自己的男孩，怎么钱花得这么快、都花在哪了，而男孩似乎也很委屈，在他们看来，钱根本没怎么花就没了。

那么，孩子的钱到底花在哪里了呢？家长应该怎么办呢？有一个方法值得尝试：教男孩记账。我们来看看下面这个家长的教子经验：

儿子对钱没概念，给他的零用钱不是都浪费掉了，就是购买一些毫无意义的东西了。那天，我回家后儿子走过来跟我说，没有零用钱了，可是算算日子，才给了他零用钱不到一周啊，怎么就没了呢？

到他房间随便转了一圈后，我终于明白了，儿子这一周光橡皮就买了6块，还有一些没用的小玩具。当我问他为什么要买的时候，他说当时没想那么多，看着喜欢就买了。听到儿子这么说，我突然意识到，光给他零用钱是不行的，还要教会他如何使用这些零用钱，三思之下，我决定教孩子学记账。

正如上面事例中的家长一样，父母通过让孩子记账，给了男孩一个真正接触金钱的机会，让他明白了金钱的实质，这样孩子也就会自然而然地在脑海里产生一种节约的意识。

## 给男孩父母的建议

孩子的记账能力是慢慢培养的，如果能养成习惯，就能受用一生。那么，作为男孩的父母，我们该如何培养男孩的记账能力呢？可以参照如下三个方法：

**方法一：给你的男孩准备一个记账本**

父母可以帮助男孩建立一个消费小账本，帮助男孩理解支出、库存和收入等概念；告诉男孩，每次得到零花钱或是买东西都要一笔不漏地登记在册；父母可在固定时间和男孩一起分析总结，看哪些消费是必需的，哪些是浪费的。

王鑫磊是家里的独苗，爷爷奶奶都很宠他，每次都会偷偷地给他一些零花钱。到了过年的时候，还会再给一笔数额不小的压岁钱。去年春节，王鑫磊又收到1000元压岁钱。王鑫磊的爸爸妈妈就想，如何引导孩子好好保管这些钱呢？可他们总觉得无从说起，后来有一件小事让他们抓住了机会。

那天，王鑫磊突然在他房间里喊："我存的钱怎么少了啊？"王鑫磊妈妈一问，才知道他的钱少了100元。妈妈就让他好好回忆，把花的每笔钱列出来，算完账发现并没有少钱。

后来王鑫磊妈妈就要他每花一次钱都记账，月底的时候再整理账目，这样钱怎么用的都一目了然。王鑫磊采取了妈妈的建议。

自从学会记账以后，王鑫磊乱花钱的坏习惯也逐渐没了，现在他还开通了一个银行账户，每个月定期把爸爸妈妈和爷爷奶奶给自己的零花钱用不掉的部分也存进去，年底一看，也是不小的数额呢。

由此不难看出，给孩子一个记账本，教会孩子记账，的确不失为一个帮孩子建立合理的消费习惯，培养孩子理财意识的好方法。男孩的父母不妨尝试一下。

**方法二：定期地给男孩一些零用钱**

很多家长，都是孩子跑过来朝自己要钱，事实上，这种做法很不利于培养男孩的理财意识，因为他没有办法自己控制钱的收支。为了培养男孩的理财意识，父母可以定期给男孩零花钱并控制金额。

开始的时候，父母可以每天给男孩适量零花钱；等到男孩习惯后，再以周、月作为给男孩零花钱的时间单位，按时按量地给男孩发放。等到男孩逐渐养成习惯后，再把时间拉长为两个月或者一个季度等。随着孩子的年龄增长，间隔时间也应增大。这种方式不仅可以让男孩学习在固定的时间内分配消费金额，做到有条理、有节制，也可以培养男孩的责任心，让男孩学会掌握收支平衡的原则。

**方法三：当发现男孩花钱大手大脚时，应及时纠正**

以下是一位男孩父亲的教子经验：

李先生是一家公司的经理，他有一个儿子今年 11 岁，因为生活条件不错，李先生每个月都会给儿子 500 元的零花钱。但是连续两个月他发现，儿子不到月底就向自己要钱，他决定找儿子谈一谈。

李先生先查看了儿子近段时间的账本，一看才知道，原来因为天气比较热，儿子每天下午放学都是打车回来的，而且中午还会在学校的超市买一些零食，算下来一个月最少也要 600 元。了解这些之后，李先生对儿子说："我看了你的账本，我也知道天气热，可是你们班上的同学不都是坐公车或者骑车回来的吗？你有必要每天都打车这么浪费吗？要知道你每天花 25 块钱，一个月下来就是 600 多，一年下来就是 7000 多元，如果你省下这 7000 多元，你就能买很多你想买的东西了，不是吗？就拿你想在寒假和同学去海南玩这件事儿来说吧，与其你央求我和你妈妈给你 1000 元路费，为什么不自己省下这笔钱去呢？"儿子听我说完，也意识到了自己的错误。从此，他花钱真的谨慎多了。

在男孩记账的过程中，父母们要及时追踪监督，了解男孩的消费倾向，了解他们的金钱观，若发现有偏差，要适时帮助孩子纠正消费错误。事实证明，这种办法可以避免男孩冲动购物，让其消费越来越理智，越来越有计划性。

**专家教你男孩怎么养**

家长应当如何引导男孩学会记账？

第一，给你的男孩准备一个记账本，最好让他自己去挑选本子的样子，提起他对记账的兴趣。

第二，在条件允许的情况下，每周或每月定期给男孩一笔固定的零花钱。

第三，零花钱的数额一定得是固定的，男孩如果超前花掉，家长不得再给第二次。

第41招

# 节俭成就一生

## ——教男孩养成储蓄的习惯

现实生活中，家长们不仅要教会男孩正确认识钱，树立正确的消费观念，还应积极地培养自己的男孩养成储蓄的好习惯，并及时地给男孩灌输一些有关储蓄的方法与技巧。

11岁的男孩六六，虽然年纪不大，但是他已经有了一张完全靠自己支配的存折。这张存折是在他9岁的时候，他的爸爸陪他一起去开的，现在里面已经很多钱了，钱越多六六存钱的动力就越大。此外，爸爸还告诉他，这样一直存着，利息会越来越多，到时候利滚利，存折里面就会有更多钱了。

### 给男孩父母的建议

生活中，培养男孩从小储蓄的好方法有很多种，家长们可以根据自己男孩的实际情况选择适合的方法。

**方法一：告诉你的男孩零用钱可以用来干什么**

男孩的父母在给男孩零用钱时，一定要明确地告诉他们，零用钱主要是用来干什么的，比如说可以用来买学习用品、上下学坐车等。不可以铺张浪费购买自己不需要的东西……

此时，父母可以和男孩进行一次讨论，最后达成一个零用钱使用规则，即花零用钱的时候要遵从“节约勤俭、消费合理、不可超支”的原则。父母还要告诉自己的男孩，规则一旦形成，他就必须遵守并执行。

另外，父母在处理男孩零用钱超支的问题时，尽量多与男孩沟通，询问他超支的原因，并与他一起分析。久而久之，男孩就会摒弃那些“奢侈”的要求，变得简朴，从而改掉自身铺张浪费的习惯。

**方法二：从小培养男孩的储蓄意识**

男孩的储蓄意识要从小培养，例如有些男孩喜欢看漫画书，一本漫画书是 20 元，这个时候，家长就可以告诉男孩：我现在只能给你 10 元钱，以后再给你 10 元钱，如果你真的想买就得自己把钱存起来再买！

过年过节，男孩大都会收到家人或亲戚给的一些零花钱，此时，家长就可以帮助孩子在银行开设一个账户，让男孩把所得来的钱存入账户，每隔一段时间，陪同男孩一起查看账户内的金额。这样一来，男孩就会有目的地把家长给的零花钱存起来，并且会更珍惜自己攒钱买来的东西。

**方法三：给你的男孩买一个存钱罐**

你可以给他买一个他钟爱的卡通形象的存钱罐，并且告诉他，要每天在里面放一块钱或者两块钱，这样这个卡通形象就会充满力量。同时，父母们还可以和男孩一起存钱，让孩子体会收集的快乐。

此外，父母们还可以通过定期和男孩一起清点存钱罐，让男孩见证自己储蓄的结果，懂得储蓄的力量；同时，鼓励男孩坚持储蓄的好习惯，及早为未来做准备，将来就有可能实现更大的梦想。

专家教你男孩怎么养

家长应该如何培养男孩养成节俭的习惯？

第一，让男孩正确认识钱的用途。

第二，带你的男孩去感受一下贫穷。

第三，可以借助游戏的方式引导男孩存钱。比如，可以给他买一个他喜欢的卡通形象的存钱罐，并且告诉他，他存进去的钱越多，卡通存钱罐的能量就越大。

## 第42招

# 花钱也是学问，让孩子学会正确消费

在我们身边，总有这样一群父母：他们虽不是大款，但他们却宁可自己紧着点，也不愿委屈了孩子。结果，孩子超水平消费，不懂得什么叫来之不易。父母含辛茹苦培养了“消费贵族”，而那些孩子却并不见得感激自己的父母。受传统重男轻女思想的影响，这类问题在一些男孩的父母身上表现得更为突出。

扬扬的父母在35岁时才有了扬扬，因此全家人都对这个来之不易的儿子格外的宠爱。自扬扬懂事起，他要什么，父母就给他买什么。随着扬扬年纪的增大，已经上初中的他，想要的东西越来越多，也越来越昂贵。

一天，放学回来，扬扬把一张纸递给爸爸，告诉他这是这个月自己要买的东西清单。爸爸打开一看吓了一跳：耐克鞋一双、匡威鞋一双、新款的手机一个，还要在月底生日的时候买一个LV的钱包。他爸爸粗略地算了一下，居然要两万。

扬扬的父母虽然有能力购买这些东西，但是一想到孩子还这么小就如此消费，一下子心里凉了半截！

虽然我们口头上经常说：“再穷不能穷孩子，再苦不能苦孩子，家富首先富孩子。”然而，从教育的角度来讲，这种思想却存在着巨大的隐患，如果做父母的一味地容忍孩子的不合理消费，就无异于从小为孩子铺设了一条奢侈之路，对其日后健康成长极为不利。

## 给男孩父母的建议

教男孩合理地消费，其意义并非只是教会孩子如何花钱，它还包含了很多方面的内容，如对孩子未来生存能力的培养等。

那么，父母应该怎样引导男孩合理消费呢?

**方法一：不要让男孩养成攀比的心理**

男孩的自控能力比较差，他们中的大多数在消费时都大手大脚，并很容易养成与人攀比的习惯。这种习惯会随着男孩年龄的增长而变得愈发严重。因此，当你的男孩有了攀比的消费行为，父母们可以引导孩子把这些不良心理转变为学习上的竞争，从而端正孩子的态度。

另外，要试着让男孩参与父母艰苦劳作的过程，让男孩了解父母艰难创业的历程，让男孩明白金钱来之不易和生存的艰辛，有助于他建立自力更生、勤苦劳作的好习惯，从小立下创业的志向和决心。

**方法二：端正男孩的购物习惯**

父母要在日常的购物中教导男孩理性消费。这里面有很多小技巧可以使用。我们先来看看下面这个母亲是怎么做的：

王磊今年上初二了，一天放学回家后，他走到母亲的身边对母亲说："妈，你看我都这么大了，你能不能给我买一些像样点的衣服？"

母亲不解地看着王磊，说："现在的衣服不是挺好的吗？"

"好什么啊？都是地摊货，我们班同学穿的都是专卖店的衣服，有的还是国外的牌子呢，他们都笑话我。"

母亲看着儿子的表情，愣了一会儿，问："那需要多少钱？"

"鞋子、裤子和外套，两千块钱就够了。"

"什么？两千块钱，那么多？可是妈妈现在兜里就 200 块钱，而且你爸爸还没发工资，要不这样吧，我和你爸爸省吃俭用，每个月给你存下 300 元，6 个月后你再买。"

当然，王磊有些失望，但是也没什么办法，就点头答应了。

两个月以后，王磊对母亲说：“妈，算了吧，我看你和我爸爸为了给我攒钱，连肉都不怎么吃了，而且天这么热，你们都不开电风扇。我不要那衣服了，明天我们去商场随便买两件就行了，那天我看上一件衣服，才 80 块钱，也挺好看的。”

我们不得不佩服王磊妈妈的明智。其实只要我们多长个“心眼”，运用一些小技巧来引导孩子合理消费，往往能取得更好的教育效果。

**方法三：让男孩参与到家庭“预算会议”中来**

在生活中，父母们大都会在月初计划一下接下来一个月的开销，此时，就可以让男孩参与其中，让他知道一个月所需要花费的钱，并清楚地告诉他，这部分预算中，哪些是他需要花费的，并和他一起讨论家庭未来的预算。

此外，父母们一定不要让男孩养成花钱无度的习惯。比如一个月只给男孩 300 元钱，男孩若提前花完，就绝不能再给，以免让他产生侥幸心理。最后，父母还应让男孩学会为自己的“花销”负责，懂得在消费前做预算，这才是每位父母要真正需要教会孩子的东西。

**专家教你男孩怎么养**

在这个崇尚消费的年代里，男孩难免会养成花钱大手大脚的习惯，那么，家长应当如何引导男孩养成正确的消费观呢？

第一，切忌放任男孩的攀比心理。

第二，培养男孩养成正确的消费习惯，不要让他成为名牌的追求者。

第三，让你的男孩参与到家庭预算中来，让他清楚自己每月的花销有多少。

## 第43招

# 有劳才有获，让男孩学会凭劳动赚钱

生活中，大部分男孩花钱大手大脚甚至养成了铺张浪费的坏习惯，多半是因为他们不知道赚钱的辛苦。因此，做家长的想要自己的男孩正确对待金钱、学会节俭，就必须让他认识到这样一个问题：金钱来之不易，是需要靠努力劳动得来的，不是一伸手就有的。

李然是一个初三的小男孩，由于上初三的关系，他要什么父母都会给他买，久而久之，李然养成了花钱大手大脚的习惯。

一天，李然放学回家，又伸手朝父亲要钱，“爸爸，你给我两百块钱！”

“怎么又要钱？不是前两天才给你的钱吗？”爸爸问道。

“那不是买资料了嘛，再说上晚自习前不得吃晚饭啊！”

“我去你学校附近看了，晚饭都很平价，不可能用得了那么多的！”

“就朝你要点钱，你怎么这样啊，才两百块钱，你至于吗？”

听到这句话，李然的爸爸不禁有些愕然。儿子怎么能有这样的念头呢？他一两天就花两百块钱，可两百块钱也可能是有些孩子一个月的生活费啊。想到这里，李然的爸爸决定必须要有所行动，不能再放任他这种对金钱的态度了。

爸爸断然拒绝了李然，告诉他：“这个钱我今天不可能给你，不过如果你能在这个周末去我的公司上两天班，我会给你两百块。”

李然爽快地答应了，他想公司是父亲的，他去了不过就是待着上网罢了，去就去呗。

但是到了公司李然才意识到自己错了，爸爸安排李然去搞卫生。李然本想拒绝，但是看到爸爸从未有过的严厉表情，他还是硬着头皮去了。整整一天，李然把整层办公室的地都拖了一遍，窗子也擦了，还要帮助保洁员倒垃圾。忙完所有的事情，已经是晚上 8 点钟，他瘫坐在沙发上。这时爸爸走过来，给了李然两百块钱，然后说道："这两百块钱是你今天的工钱，公司里请一个保洁员搞一天卫生才五十元，不过她们比你做得好多了，还要收拾整层楼的四个卫生间呢。"

"不是吧！"李然张着嘴说。

"是的，所以，你应该知道两百块钱的意义了吧，这是个有劳才有获的年代，你也已经长大了，从现在起，你的零花钱只能通过这种方式获得，当然，如果你明天还过来的话，你依然有两百元工资。"

的确，很多家长起初都像李然的爸爸一样，儿子一伸手要就给钱，但是渐渐地，他们也会像李然的爸爸一样，意识到这样做的后果就是儿子认识不到钱的价值，养成大手大脚的花钱习惯。

## 给男孩父母的建议

如果你觉得孩子还小，理应给他们钱花，赚钱的本事长大后自然就会有，那么，你就大错特错了。因为你会让你的男孩形成习惯，习惯了伸手朝你要钱，也习惯了从你手里拿钱，久而久之，这种意识就会在他的心里根深蒂固。长大后，当经济上遇到一点点困难的时候，他就会伸手向你要钱，试问，你能给得了他一辈子钱吗？

所以，做家长的一定不能心软，要让你的孩子自己去劳动，明白有劳才有获的道理。下面就为家长简单介绍几种培养男孩靠自己劳动赚钱的方法：

**方法一：削减男孩的零用钱**

很多家长以为孩子大了，要花钱的地方多了，于是，给儿子的零用钱越来越多，其实这是完全错误的。

此时的父母，应当适当地削减男孩的零用钱，当男孩询问原因的时候，你就应明确地告诉他："你大了，我再也不能像以前那样给你零用钱了，如果你有很多东西要买，就必须要付出劳动。"说到这里，你还可以给你的男孩提供一些劳动赚钱的机会，比如在家里做保洁，每小时 10 元钱。渐渐地，当你的男孩形成以劳动赚钱的意识后，你也可以鼓励你的男孩在假期去做兼职。

**方法二：拒绝男孩提出"我要买 ××"的要求**

小男孩的脑子里总是有很多想法，他们小的时候喜欢看广告，然后选定上面喜欢的东西，让父母买给他们；长大一点之后，他们又很容易和同学或朋友攀比，常常会让父母给自己购买品牌的东西。这个时候，父母一定要坚决地拒绝孩子，并告诉他，所有的东西都必须靠自己的劳动获得。当然，你也必须让你的男孩知道，这个世界上，不是所有他们想要的东西都能得到的。

此外，家长在拒绝男孩要求的同时，还可以为男孩指出一条"明路"，告诉你的男孩可以通过自己的劳动去赚钱。比如，你可以告诉他假期去做兼职，当然这只针对年龄在 13 岁以上的男孩；当男孩很小的时候，你可以提出让他为家里做些事情，以此来获得报酬。

**方法三：善用激将法，激励你的男孩去赚钱**

下面是发生在一位母亲身上的故事：

我儿子都快上高中了，可一点理财意识都没有，动不动就和同学比吃比穿，我家的条件不算很差，可也不算特好，供他一个学生，还要存钱还车贷，其实也不能算富裕。可是每个月光他买衣服的钱就不下 500 块，有的时候甚至一双鞋就 600 多。我说他很多次，可他不是顶嘴别人都穿这样，就干脆说我抠门不愿意给他花钱，我当时特别的生气，也很难过，你说咱辛苦地养儿子，到最后怎么就成了抠门了呢？

于是我决定得让儿子认识到挣钱不容易，也要让他知道再也不能这样不劳而获伸手朝我要钱了。

那天儿子回来，我就告诉他，家里的生意出了点问题，以后可能没有那么多钱给他了。其实我是在说谎，但为了改变儿子现有的不良消费习惯，只能出此下策了。

儿子一开始挺诧异的，但看到我难过的表情后，也开始劝我，说大不了暂时不买了。随后我又跟他说，他近段时间的零花钱也全都没有了，听到这里，儿子变得有些难受，随后我又说："如果你愿意，我可以帮你联系点兼职，这样一来你的零花钱就有保证了，毕竟妈妈希望你过得好。可是，我怕你坚持不下来，太累了，所以，还是算了吧。"

"我能行，没做过不代表我不能做，行，你给我联系下吧！"儿子要强地说道。

随后的两三个月，儿子都会在休息日去做兼职，一开始他也想过放弃，不过后来还是坚持下来了。现在儿子比以前懂事多了，前两个月的工资他都买了自己要买的东西，但是这个月，他却把工资的一部分交给我，说用来补贴家用。这让我非常吃惊，他说是在工作的时候，认识了一位阿姨，年龄和我差不多大，每天做得都很辛苦，就是为了照顾家里的孩子，他觉得我和他爸爸也很不容易，所以，以后会帮助我们一起维持这个家。

父母可以抓住男孩好胜心强这一心理特点，激他们一下，告诉他们，可以通过做兼职赚取零花钱，此时，他们大都会坚定地告诉你：不要小瞧他们。

### 专家教你男孩怎么养

家长应如何培养男孩养成自食其力的好习惯?

第一，不要给男孩太多的零花钱。

第二，对男孩提出的要求认真对待，对那些男孩说不清楚购买理由的要求，坚决拒绝。

第三，撒个小谎，让你的男孩以为家里遇到了财政危机，以此激发他对家庭的责任感。

第六章

# 读懂男孩的心，陪他走过青春期

青春期是很敏感的字眼，

无论是对于家长还是男孩都是如此。

家长们总是觉得青春期的男孩叛逆、难以管教，

不知道如何同男孩谈性谈情，

不知道怎么劝说疯狂崇拜明星的他们。

…………

其实，青春期的男孩们并没有家长想象中的那么叛逆、难管教，相反，这个时期的男孩因为心智各方面都很成熟，只要家长的教育方法得当，他们很容易和家长成为无话不谈的“朋友”。

## 第 44 招

# 陪你的男孩一起走过“叛逆期”

随着男孩渐渐长大，他的主意也会多起来。可能某一天你就会突然发现，那个原来对你“唯命是从”的男孩变了，他不再听你的吩咐，相反，你说什么，他就偏不做什么。这突然的转变，会让你觉得措手不及，当然也气愤不已，你可能会感慨，男孩怎么越大越难教呢？

其实，这是男孩的叛逆期到了，每个男孩都有一个叛逆的阶段，不同的是，有的男孩表现得强一些，有的男孩表现得弱一点。那么，男孩的叛逆期大概出现在什么时候呢？一般来讲，男孩会有两个叛逆期，第一个是在他们三四岁的时候，这个时候他们会表现得很有脾气，你不让他做什么，他就越要做，比如你不让他爬上爬下，他就偏爬；男孩的第二个叛逆期出现在 12 ~ 15 岁之间。这个时候他们的自我意识基本形成，会表现出明显的反抗情绪，出于对自由和个性的追求，他们通常会把你说的话当成耳边风。

其实，叛逆心理是男孩在成长过程中经常出现的一种心理状态。此时的男孩们反对家长把自己当小孩，处处以成人自居。

## 给男孩父母的建议

帮助孩子度过叛逆期，家长是很关键的监督员、引导员、保育员。那么，家长应当如何做呢？

**方法一：多让男孩去实践、体验，可化解其叛逆思想**

男孩之所以对很多事情固执己见，正是因为他们缺少实践经验。

如果此时父母只是单纯地告诉他“你的想法不对”“不行”之类的话，就会激发男孩的反抗心理。相反，如果父母多让孩子去实践、多让孩子进行体验，就能有效化解孩子的叛逆心理。

父子俩正在散步，儿子看见路边有卖藤椅的，坚持一定要买。父亲说离家太远，藤椅太大，抱回去太累了，而打车回家又不划算。但是男孩仍然固执己见，后来爸爸想了想，对儿子说：“买也成，但是你要负责抱回去。”男孩同意了，但藤椅真的很重，路也很远，男孩累得满头大汗，差点虚脱才把椅子抱回家，回家后他对爸爸说：“真应该听你的，真的是太累了。”

家长要留给男孩足够的自我空间，让他们自己去“驰骋”。在经历过一番“挫折”之后，自然会明白其中的道理，这远比父母费尽口舌去阻止强得多。

### 方法二：当男孩遭受挫折的时候给予理解和支持

14 岁的许飞正处于青春叛逆期，他反叛、易怒，对一切看不顺眼的事物都极力反对、逃避，把母亲的教导当作耳边风。

一天晚上，许飞刚从外边回来就一头钻进了卧室，躺在床上想着一天的不如意、不顺心。他刚想伸手抱起枕头发泄，却意外地发现了一个很精致的笔记本。男孩好奇地打开笔记本，看到上面写着：“儿子，我了解你对目前的生活感到不顺心和失败。我知道做家长的不一定什么都对，但是，我和你妈妈对你的爱是全心全意的……任何时候，你都可以找我谈心，因为，我也是从你那么大过来的。曾几何时，我也是一个有些莽撞的少年啊，而且，忘了告诉你，那个时候的我比现在的你可要帅很多哦！如果你愿意，就让这个本子成为我们沟通的方式吧。”

在以后的生活中，每当许飞的情绪波动时，他都会把自己的想法写在日记本上，然后交给自己的爸爸。

男孩的成长之路中，难免会遇到一些不如意的事情或经历一些失败，此时，家长就应给予男孩一些适当的鼓励和支持，要知道，这是消除孩子叛逆心理的最好方法。

**方法三：将“民主教育”进行到底**

平等、民主的教育方式是消除叛逆心理的主要手段。这就要求家长在他们犯错误时，要给予理解和帮助，引导他们认识错误的原因，指导他们吸取经验教训。

那么，家长们应当如何贯彻执行民主教育呢？

首先，绝不可以用权威压制男孩。处于反抗期的男孩，更像一个力度强劲的弹簧，如果家长用强势去压制，反会引起男孩更大的反抗力度。因此，家长应多站在朋友的角度，在理解和爱的基础上，疏通男孩的心理，帮助男孩释放心中的压力。

其次，不要总是给男孩提要求。在学习上对男孩不要提过高的要求，应提一些比男孩的实际能力略高一点的、让他经过努力就能完成的要求。这样，男孩成功后不仅能享受到喜悦，还能增强自信心。

最后，家长还应多理解、尊重男孩，把他们当成一个有独立意识的小伙伴，给他们情绪变换和思考的余地。男孩有了思想准备，就容易接受大人的意见了。

综上所述，家长们只有进入男孩的内心世界，才能和孩子相处得更融洽。当家长与男孩相处融洽了，男孩就不会叛逆了。

**专家教你男孩怎么养**

家长应如何正确引导正处于叛逆期的男孩？

第一，不要和男孩一争到底，有的时候家长要学会变通，口头上无法劝阻男孩时，可以让他在实践中得到教训。

第二，理解与支持是引导叛逆期男孩健康成长的不二法宝。

## 第 45 招

# 性教育是青春期男孩的必修课

进入青春期后的男孩，生殖器官也逐渐发育成熟，男孩对性问题会更为敏感，对性知识也更为好奇，但由于害羞向自己的家长提问，很多男孩的性知识不是来自家长、学校，而是来自与同龄男孩之间的交流或者是不良书刊影视。

但是，从这些渠道得来的性知识往往会带给男孩不正确的引导：背着家长浏览色情网站，偷窥女同学换衣服等。

青少年心理学研究显示，对男孩的性教育应因男孩的年龄而异：

两岁前的男孩，性教育主要是解决性别认同问题。此时，家长只需让男孩意识到自己与女孩的不同即可，但切忌把自己的男孩打扮成女孩的样子，以免男孩从小对自己形成性朦胧意识，从而影响男孩的性取向。

3 ~ 8 岁的男孩，常对男孩与女孩的差异感到迷惑不解。因此，他们常会问家长一些问题，比如说为什么女生会蹲着上厕所，而他则要站着之类的。此时，家长千万不要批评男孩提出类似的问题或者随便找些答案应付男孩，相反应当恰当地解释给男孩听。

8 ~ 15 岁的男孩，家长应对其进行较系统的性知识教育。尤其是当男孩进入青春期后，家长必须对其进行恰当且详细的性教育，如果家长觉得不好与男孩进行正面说明，也可以借助一些故事或一些教育类的节目引导男孩对性有一个正确的认识。

此外，家长在对男孩进行性教育的同时，还须对男孩进行性道德教育，帮助青春期男孩控制自己萌发中的性冲动，防止性过错行为的发生。

## 给男孩父母的建议

家长应在男孩还小的时候就让他明白：人身上的任何器官都是上天赐予的珍宝，没有好坏之分，生殖器官同身体中的其他器官并没有任何区别；无论是何种体型、肤色，都是美好的。

这种意识的灌输，将为男孩日后青春期及青年期的性认识奠定正确的基础。

**方法一：父母的及时引导很重要**

据了解，一些青春期男孩出现性困惑时，家长们或者认为孩子还小，不用管；或者会走另一个极端，彻底封闭孩子的信息来源，不允许孩子和“性”这个字挂钩。

其实，家长谈之色变或强行干预，只会带来负面效果。应该代之以教育孩子正确对待这种心理变化，让孩子了解人的生理发育过程。

一个小男孩和妈妈一块儿看电视。当看到一对男女接吻镜头后不久，又看到了他们的小孩出生，他便问妈妈：“接吻之后就能生孩子吗？”妈妈平静地说：“不，生孩子当然没有这么简单，这其中还有很多程序，就像那天我们看动物世界时，狮子和狮子交配一样。”

“哦，原来是那样子啊，那两个人为什么要接吻，然后生孩子呢？”

“是的，孩子，就像爸爸和妈妈一样，我们彼此相爱，然后结婚，再然后就生了你啊！”

在谈及性问题时，家长最容易犯的错误就是对很多性词汇避讳不谈，或吞吞吐吐。殊不知，这样反会让男孩觉得神秘，引起男孩的探索欲望。

**方法二：买一些有关性教育的书籍让男孩阅读**

有些时候，家长觉得很难开口向自己的儿子讲述有关性的问题，此时，不妨去书店购买一些此类的书籍，放在男孩的书桌上，让男孩自己去了解性方面的知识，这样既可以避免双方的尴尬，还可以起到教育男孩的作用。

**方法三：及时疏导男孩的性困扰**

家长们除了要对青春期的男孩进行适当的性教育、性道德教育外，还应时刻注意男孩身体发育方面出现的问题，并对男孩进行正确地指导。

15岁男孩小志曾在上厕所的时候被同学笑话自己的生殖器太小，此后，小志便感到非常自卑，很少去上厕所。妈妈了解到这个问题后，便告诉了爸爸，让爸爸主动找小志谈谈心，开导男孩，以消除此类问题给他带来的心理上的困扰。

当然，遇到以上的问题时，最好还是爸爸出面与男孩谈心，因为随着年龄的增长，男孩一般不乐于同母亲谈论自己身体方面的事情，因此，爸爸就应在日常生活中多关注自己的男孩，当发现男孩哪些地方不对劲时，就应当及时找男孩沟通，并根据自己的经验给予男孩一些正确的指导。

**专家教你男孩怎么养**

家长应当如何和男孩谈性？

第一，大胆地开口，不要在男孩面前表现出为难或异样的神态。

第二，帮男孩建立起正确的感情观、性观念。

第三，引导男孩从书本中获取必要的性知识。

## 第46招

# 让抑郁的情绪远离青春期男孩

当男孩渐渐长大，你常常会听到他说出这样的话语："没意思""真没劲""郁闷"……你的男孩再不是从前的那个不谙世事的小不点儿了，随着年龄的增长，他的烦恼越来越多。那么，究竟是什么原因造成的呢？

首先是男孩与父母之间的代沟。父母与男孩关系疏离，不主动走进他的内心世界，男孩的苦闷得不到宣泄，便会自己为难自己，产生一些悲观、抑郁的情绪。

其次就是男孩渐渐长大，已经开始逐步接触社会，要承受学习上的巨大压力，要面对复杂的人际关系，当他们感觉力不从心时，自然会产生消极的情绪。

## 给男孩父母的建议

青春期的男孩比女孩更容易感到郁闷，因为男孩不善于表达自己的情绪，常常闷在心里，此时，如果家长没有给予男孩足够的重视，那么男孩就很可能产生孤僻、抑郁、焦虑的情绪。

**方法一：多与你的男孩沟通**

沟通是家长化解青春期男孩抑郁情绪的最好方法。家长和孩子的沟通，实际是两个生命的碰撞。每一位家长在和孩子沟通上，不要满足于初见成效，而应该学习教育的艺术，不断提高沟通的层次，使亲子关系达到更高的境界。

沟通其实并不难，只要家长多一些耐心并尊重你的男孩，男孩们就会把自己心里的想法说出来。这样一来，家长就能够找出男孩产生抑郁情绪的原因，进而积极地引导男孩疏泄掉这种不良的情绪。

当然，家长们也应注意，在与男孩进行沟通的时候，如果涉及男孩的隐私，男孩不愿意说时，家长千万不要逼问男孩；而当男孩说出了一些家长认为不正确的事情时，家长也不可斥责自己的男孩，而应当予以正确的引导，不然很可能会导致男孩从此拒绝和家长沟通的状况出现。

**方法二：多给你的男孩一些正面的暗示**

生活中，当你的男孩已经出现抑郁的情绪，这时家长就需要通过正面的暗示来纠正或改变孩子的这种状态。

男孩小张考完试回到家就唉声叹气，妈妈问他原因，他就说："考试的时候答错了一道题，那道题20分，而且我会做，就是最后写的时候写错了，看来这次进前10名没戏了！"

"孩子，妈妈知道你很努力，学习注重的是过程，一两次考试的失利不算什么，再说了，哪个将军没打过败仗呢，对不对？关键看你这个将军能否振作起来，为下次打胜仗做好准备！"

青春期的男孩虽然很容易产生抑郁的情绪，但抑郁的情绪多半不会维持太长时间，只要家长在此时多给予他们一些正面的暗示，他们很快就会高兴起来的。

## 专家教你男孩怎么养

父母应当如何引导青春期男孩走出抑郁的情绪?

第一，不要总是当着男孩的面唉声叹气，对男孩进行消极的暗示。

第二，多给男孩一些积极的暗示。

第三，时刻关注男孩的情绪变化，及时了解男孩心情不快的诱因，并加以积极地指导，及时帮助男孩释放坏情绪。

第47招

# 指导男孩健康上网，把网络变成绿洲

青春期的男孩多叛逆，再加上男孩正处于性成熟阶段，不少家长都惧怕男孩接触网络，担心男孩被网络上的不良信息教坏，害怕男孩因为一时好奇而迷恋什么色情网站。因为家长深知，上网虽然能够开阔男孩的视野，但也能够拉男孩入陷阱，如果稍有不慎，恐怕自己的宝贝儿子从此就会沉迷于网络，甚至走上歪路。

特别是在看了一些关于男孩登录不良网站而引发的一系列的案件后，家长们更是对网络充满了敌意，不少家长采取了强制性的方法：

关掉家里的网线；

不在家的时候，把电脑设上密码；

不允许男孩独自关着门在房间里上网；

…………

但时间一长，家长们就会发现，这些办法其实都只是治标不治本的。也许密码和大门可以阻止男孩接触网络的脚步，但男孩那颗渴望自由的心、探索未知的心却是无论如何也无法阻止的，青春期的男孩更是如此。而且有时候，这种过分的阻挡，反而会成为孩子沉溺于网络的加速器。

那么，究竟用什么样的办法才能让正处于青春期的男孩正确而健康地接触那个异常复杂和丰富的网络世界呢？

## 给男孩父母的建议

同现实社会一样，网络也不是一片净土。受年龄、性别和社会经验所限，男孩往往更难抵御网络“病菌”的侵扰。迫于此，有的家长采取极端措施，“陪”孩子上网，或者干脆不准孩子上网；有的家长由于管不了孩子，采取了放任的态度……

**方法一：不用逼迫男孩与网络脱离关系**

李先生一到孩子放暑假就坐立不安，因为放假时，儿子强强每天都要玩会儿电脑。怕儿子染上网瘾，李先生从孩子坐在电脑前就开始紧张不已，一直在房间内走来走去，对孩子啰唆不断，后来干脆在电脑上设置了密码，甚至拔掉了网线。强强对此非常生气，经常偷偷跑到外面的网吧去上网。

对于男孩喜欢网络的问题，家长最错误的方法就是无端指责和限制。比如，有的孩子刚开始上网时并不严重，但父母被气昏了头，不分青红皂白就打孩子。父母越打，孩子上网就越频繁。到了后来，父母和孩子简直没办法沟通，双方处于“敌对状态”。

其实孩子每天上网不超过两小时，就不能算是网瘾，家长大可不必过于紧张。而且，网络作为现代社会不可或缺的交流工具、学习工具，对孩子的学习和生活也是十分有帮助的。

明智的家长不会告诉男孩再也不要上网，而是会积极引导孩子健康地使用网络，告诉孩子如何利用网络来学习知识、充实生活，并积极地参与到孩子所喜好的网络生活中！

**方法二：多寻找、利用网络中积极的因素**

任何事物都是利弊相成的，网络也是如此。只要利用得当，网络不仅可以为孩子提供学习上的帮助，还能成为孩子生活中的好帮手。

比如，你可以给孩子推荐一些健康、有意义的网站，或给孩子建立“微博”“成长论坛”，这样通过上网，你的男孩就可以和同学们一起学习交流。你还可以让孩子通过写日志、传图片，提高其作文水平，同时也能让孩子留下自己的成长印记。

**方法三：沟通是预防青春期男孩沾染网瘾的好办法**

上网成瘾的男孩有个共同特点：性格孤僻内向、不善交际、情感淡薄，与父母的对抗特别强烈。改善这种情况的最有效办法就是加强父母与孩子间的沟通。

下面是一位父亲的育子经验：

我儿子小佑今年 14 岁，去年开始接触网络游戏，很快就到了痴迷的程度，经常旷课逃学，学习成绩明显下降。上学、放学押送，限制零花钱，为电脑设置密码等方式，都无济于事。后来，我从心理专家那里得知，沉迷网游的孩子内心大多比较封闭，所以要教育孩子，首先得打开孩子的心扉。

我决定改变我的教育方式。最初，我让儿子与我一起住，我们一起玩游戏、一起踢足球……渐渐地，儿子感到我们的关系不仅是父子，更是朋友。他逐渐向我敞开心扉，从开始时向我请教一些不懂的电脑游戏知识，过渡到他在学习、交友遇到烦恼时倾听我的意见。

成为朋友后，我开始提及沉迷网游的害处，并时常给他讲一些孩子因沉迷网游而失足的故事，以此触动他的心灵。在他对网游的危害有一定认识后，我就试着给他讲一些有趣的计算机知识。儿子喜欢画画，我就叫他在电脑上画漫画，还教他使用画图软件和动画制作软件，他学得很认真，很快就能自己动手做一些简单的动画了。

渐渐地，儿子开始走出他沉迷的网络世界。

从这位爸爸的故事中我们不难看出，教育孩子最好的方式不是恐吓，不是打骂，也不是说教，而是——沟通！

不管是为了预防孩子沉溺网络也好，还是引导孩子走出网瘾也好，只有家长与孩子保持着一种畅通的沟通关系，孩子才会顺着你的正确指引，回归到一条正确的成长道路上。

### 专家教你男孩怎么养

家长应如何引导青春期的男孩健康上网呢？

第一，“软件”管理，多和男孩沟通，及时发现男孩的心理问题。

第二，硬件管理，安装“安全保护”软件，屏蔽黄色网站。

第三，注意沟通，多给青春期男孩一些心理上的帮助。

第48招

# 帮助男孩冲出早恋的“迷宫”

随着青春期的到来，激素分泌增加，男孩对异性产生好感是在所难免的事情。这种情感，是男孩生命的一部分，更是男孩在成长中自然流动的一种生命气息和情绪。

男孩的早恋行为是最让父母们头疼的。教育少了，怕影响男孩的学习，带来很多不良后果；教育多了，则怕这个年龄段的男孩产生叛逆心理，和长辈对着干……家长们真是进退两难。

其实男孩在青春期期间对异性产生好感是正常的。哪个家长没有经历过青春期的迷茫呢？

当然，早恋还是有危害的，特别是对于男孩，一旦陷入早恋的漩涡，便极难自拔，并且会因此与父母产生很深的隔阂。

## 给男孩父母的建议

青春期的男孩懵懂地喜欢某个女生，其实这种情感本质是美好的，它是男孩成长的一种标志，也是男孩认识自我、发现自我需要的一面镜子。所以，家长应当选择自然、理解的态度去处理男孩早恋的问题。

**方法一：多给男孩一些关注，及早发现男孩的早恋倾向**

应对男孩早恋的最好方法，就是早发现、早提醒、早帮助。日常生活中，家长一定要多留心男孩的变化，以便及早发现男孩早恋的行为。一般来讲，男孩早恋的倾向主要体现在以下几个方面：

他最近突然变得很爱打扮，并常对着镜子自我欣赏；

一向朴素的他，竟然要求父母给自己添置时髦衣服；

他的学习成绩突然有明显下降，并持续了一段时间；

活泼好动的他开始变得沉默起来；

他回家后喜欢一个人躲在房间里，不太喜欢和父母交流；

他对某异性的名字特别敏感；

他经常会在无意间谈起公园、溜冰场、音乐茶座等休闲娱乐场所。

家长在平时一定要细心，只有及时察觉到儿子的变化，才能及时为其送去帮助。

**方法二：不要强迫你的男孩，最好采取“跳”“冻”“隔”的法则**

青春期的男孩刚好也正处于叛逆期，因此，这个阶段家长们千万不要过于强制你的男孩，更不要说一些过分的话语，以免激起男孩的逆反心理。

不少家长一旦发现男孩有什么情感方面的蛛丝马迹，不是搞侦查追究，就是围追堵截，采取各种手段防患于未然。其实，大可不必这样，叛逆的男孩就会想：既然你不相信我，干脆我就找个朋友谈谈，看你们能把我怎么样？于是，原本只是与同学之间的正常交往，由于家长的狐疑而使事情走上了反面。

作为男孩的家长，当发现孩子的心思被某个女孩牵走了，最好的办法是冷处理，即采取“跳”“冻”“隔”的法则。因为当男孩产生恋爱情感时，随着憧憬与激动，也会为社会环境压力，甚至性欲的纠缠而苦恼。父母要从旁加以引导，耐心地倾听男孩的诉说，并给男孩以热情、严肃的忠告，让男孩“跳”出来，将感情“冻”起来，要告诉男孩学生时代谈恋爱最后终成眷属的还不到3%，成功的可能性非常小，早恋对中学生学业有影响。总之，尽量把两个孩子“隔”起来，少接触。家长的教育既要和风细雨，又要有严肃的态度，不能一味埋怨、责备，帮助孩子走出早恋的困惑是需要一定的时间的。

**方法三：加强父亲在此阶段的教育分量**

想很好地和青春期的男孩沟通，少了父亲是不行的，因为这个阶段的男孩大都已经把自己当成是男子汉了，所以，他们有些事情是不会跟自己的母亲说的，相反，他们会乐于与自己的父亲分享。

作为父亲，应该告诉男孩“爱情”的定义，一般来说，青春期以前的所谓“好感”“喜欢”是不能称其为早恋的；男孩青春期的情感，大多是纯真的友谊，会随着年龄的增长渐渐趋于理性。父亲把这些告诉给儿子，相信他会慢慢沉淀自己不够理性的爱。

此外，父亲还可以在日常生活中，适当给男孩讲讲有关什么样的男人最有魅力、最吸引人之类的问题，帮助你的男孩摆正自己在生活中的位置，让他对成熟的男人有一个更形象的了解。

**专家教你男孩怎么养**

家长应当如何正确引导男孩直面早恋？

第一，切忌大惊小怪，早恋是一件很正常的事情，家长不必看得太严重，相反，应该让男孩觉得这并不是一件大事儿。

第二，多向男孩灌输一些情感教育，让男孩自己甄别早恋与爱情之间的差别。

第 49 招

# 尊重男孩，别窥探他的隐私

青春期的男孩总是会隐藏一些家长不知道的小秘密，比如，他也许有一个笔记本，而且会把这个笔记本随身携带，担心被自己的父母发现；他也许有一个上了锁的小抽屉，里面装着给别人写的情书或别人写给他的情书……随着年龄的增长，男孩的心扉不再全都向家长敞开了，他们有了属于自己的个人空间。

当然，这个属于男孩的个人空间是家长不能随便跨越进去的。如果家长硬要强行进入，千方百计地窥视、猜测男孩的隐私，强迫男孩按照自己的意愿来塑造人格；那么家长的这种“爱的行为”，很可能会使男孩产生强烈的逆反心理，不利于他的健康成长。

那么，家长强制性地窥探男孩的隐私，都会给男孩带来哪些伤害呢？

男孩自尊心受到伤害，变得自卑、沮丧和抑郁；

打击男孩的自信心；

不利于男孩羞耻心的形成；

削弱男孩的自省力；

影响男孩正常的人际交往，不利于男孩社交能力的提升；

让男孩与家长之间产生隔阂；

…………

## 给男孩父母的建议

面对有个人空间的男孩，家长应该怎么做才能真正走进他的内心世界，并且正确引导让他健康成长呢？

**方法一：别总想着打开男孩的那道“锁”**

大东是一名初二的学生，一天他和朋友出去玩，提前回家，一进门就看到妈妈从自己的房间里走出来，表情很不自然，但大东也没多想。回到房间后，他上了一会儿网，打开了自己的抽屉，结果发现抽屉里有一封信被拆开看了，那封信是上个月写好了要给一个女生的，但是想来想去还是打算不给了，于是就粘好了放在抽屉里，现在信封被撕开了，肯定是有人看了。这时大东想到刚才妈妈的样子，非常气愤，他走出房间，找妈妈理论。

“你为什么翻我的抽屉，随便动我的东西？”

没想到妈妈比他还生气：“怎么了？当妈的看看儿子的东西还有错吗？再说了，你现在的任务是学习，谁让你给人家写什么情书的！”

大东更加愤怒地说：“那是我自己的事情，你有什么权利私自拆开我的信？”

妈妈毫不在乎地对大东说：“你是我儿子，我看你东西还用得到你的允许吗？再说，要不是我看了，怎么能知道你现在的心根本不在学习上呢？”

大东很生气，摔门走掉了……

男孩到了青春期，家长都会面临这样一个问题——男孩那些小秘密要不要一一翻开来看？如果家长不尊重男孩的个人隐私，总是想着扒开男孩的秘密一探究竟，那么，男孩就会把小秘密全部包装起来，藏得更加隐蔽，到那个时候，家长若再想了解自己的男孩，就难上加难了！

**方法二：找个机会，和男孩谈谈他的“个人空间”**

青春期的男孩为什么会建立自己的个人空间呢？他们为什么不愿意和家长谈谈自己的事情呢？这一方面是男孩的心理需要，另一面也是家长与男孩之间的沟通方式出现了问题。如果家长能够在尊重、理解、信任的基础上和男孩沟通，那么大多数男孩都会主动和家长分享自己的个人空间，而且，随着家长对男孩信任度的加强，男孩也会越来越信任他们的家长，最后，男孩就会和自己的家长成为好朋友。

下面是一位妈妈的育子经验：

儿子今年13岁了，我发现他越来越在乎自己的独立空间，有的时候在房间里还会把房门关上，虽然我很想知道他在干什么，但是我明白，他更需要独立的空间。

一次，我给他送洗好的水果，到门口的时候，看到儿子正在看东西，虽然门开着，我还是敲了敲门，“我能进来吗？”

“可以！”这个时候，儿子将一封信偷偷地放进抽屉了。

我把水果放在儿子书桌上，对他说：“在看信？”

儿子不自然地点点头。

“没关系，妈妈在你这个年纪也常常会看信，呵呵！”

说完我准备转身走，这个时候，儿子突然叫住了我：“妈妈，如果我给你看，你能为我保密吗？”

“当然啊！”

接着儿子把信给我看了，原来是一个女生喜欢我儿子，那封信是写给儿子的情书，随后我又和儿子聊了很多，还把自己的意见告诉了儿子，并让他自己选择。

这位明智的妈妈不但得到了儿子的信任，而且在尊重儿子隐私和意愿的前提下，开启了走进男孩内心世界的“大门”。

### 专家教你男孩怎么养

男孩长大了，他们有了自己的个人空间，此时，家长应当如何做呢？

第一，别做“特工”，不要总是想窥探男孩的秘密，而是应当多和男孩沟通。

第二，尊重当先，让你的男孩主动开口。

第三，不要指责男孩建立个人空间的行为，因为这毫无过错。

第 50 招

# 生命教育

## ——教男孩正确认识生与死

青春期的男孩因为正处在由小男孩到大男生的过渡期，所要承受的压力剧增，这个时候，当男孩觉得现实与理想太过遥远或受到挫折，往往会冒出轻生的念头。即便他们没有真的想轻生，也偶尔会为了一些事情以死来威胁自己的家人——“你们要是再逼我，我就死给你们看！”“你们要是不让我和 ×× 在一起，我就死给你们看！”……

按理说，年华正茂的男孩是不应轻易说出这种话的，也更不应轻易冒出轻生的念头来才对，可是为什么，现实中的男孩们却整天把“死”挂在嘴边呢？

男孩阿亮今年 15 岁了，即将中考，学习压力非常大，然而就在这个时候，他却遇到了自己喜欢的女孩。为此，他在这个女孩身上花了很多心思，陪女孩一起逛街、看电影……随后，阿亮的成绩开始持续下降，妈妈得知这件事情后，找来阿亮，严厉地批评了他，并且要求他马上和女孩分手，但阿亮不愿意，还和妈妈吵了一架。

阿亮的妈妈并没有因此放弃，随后便到学校找了老师，还找了女孩的家长。这么一闹，女孩的家长给女孩转了学，阿亮就此消沉下去。

在一次考完试后，阿亮又和妈妈吵了起来，这一次，他直接跑了出去，想到女孩，想到自己很差的学习成绩，想到妈妈说自己没用的话，男孩顿时对生活失去了信心，他开始自言自语地问自己活着为了什么，他活着的希望是什么……

晚上回家后，阿亮便在自己的房间里吞服了从夜诊小药店买来的安眠药，虽然阿亮最后得救了，但他的状态却一直非常消沉。

我们都知道，青春期的男孩往往要承受来自各方面的压力：青涩感情中的压力、父母的压力、学校的压力……一旦这个时候他遇到了挫折或失去了什么，就会变得很脆弱，很难接受。男孩能否走出来，振作起来，就与他们儿时受到的生命教育程度息息相关了。

## 给男孩父母的建议

小男孩一路的成长都是在家人的呵护下进行的，但当他们进入青春期后，随着学习压力的增加和人际关系的复杂化，他们逐渐明白，生活变了，他们无法再像小时候一样生活，这个世界处处充满竞争与斗争，世界远不如他们想象的那般美好。

此时，父母必须要给他们一颗强大的心、坚强的心，让他们以此来对抗生活中的不顺，摆正对待生命的态度。

### 方法一：引导男孩认识生命的价值

“妈妈，你知道人为什么要活着吗？”14 岁的男孩东东突然问妈妈。

“为什么想到问这个问题呢？”

“因为今天看了新闻报道，说有大灾难，死了很多人，很多人受苦，那么，既然受苦为什么还要活着呢？”

“儿子，你这个问题问得很好，人因为爱而活着啊，就比如面临大灾难的时候，他们要去救自己的家人，陪着他们的爸爸妈妈，因为这些爱，人坚强地活着，幸福地活着，也骄傲地活着！”

“那我也要活着！”

“傻孩子，你当然要好好地活着啦，因为妈妈爸爸都很爱你，为了爱，你也要坚强地活着！”

“嗯，我知道了，我会为了爱，坚强地活着……”

如果你的男孩已经进入青春期，他问你这个问题，则代表他的生活出现了问题，他需要你的帮助。这时，你就应灵活地转变答案，告诉他是为了理想而活着，为了责任和目标而活着，当然也可以深入询问男孩问这样问题的原因，并引导男孩重新认识生命的价值。

无论你如何回答男孩的问题，你必须向男孩灌输这样一种思想：活着是幸福的，无论遇到什么困难，都应该坚强勇敢地活下去！

**方法二：让男孩明白，生命有开始也必然要走向结束**

现实生活中，男孩不可避免地要接触到死亡，如他辛辛苦苦养的宠物死了，身边的亲戚过世了……这些都是家长对男孩进行生命教育的最好时机。

当然，值得一提的是，家长在对男孩进行生命教育的时候，千万不要欺骗男孩，比如，很多家长都会这样向男孩解释死亡："他去了很远的地方，那个地方很好，他会在那里好好地生活……"这虽然是善意的解释，但很容易让男孩对死亡产生错误的理解。相反，家长应当让男孩接受死亡的事实，告诉他们死亡是生命的必经过程，谁都会经历，只有他们正视死亡，长大后才能够承受住身边"生离死别"的痛苦，才能更加珍爱自己的生命。

**专家教你男孩怎么养**

家长应当如何对男孩进行生命教育？

第一，强化男孩对生命价值的认识：一个人无法正视生命的价值，很难寻找到活着的意义，就很容易产生轻生的念头。

第二，强化男孩对死亡的认识：死亡是每个人都必经的一个过程，只有教会男孩正确地认识死亡，男孩才能够更加珍惜生命。

第七章

# 怎么说男孩才会听，怎么听男孩才会说

和男孩沟通，最困难的事情就是家长不知道怎么说，更不知道怎么让孩子说。跟男孩说话是一门大学问，这里面大有讲究。那么，家长们到底应该注意什么呢？

在孩子做了好事时，家长要夸夸他；

在孩子遇到困难时，家长要鼓励他；

在孩子沮丧时，家长要安慰他；

多留一些空间给男孩自己，让他们多说；

…………

只有这样沟通，家长才能清楚地了解孩子的内心想法，才能知道孩子的需求与问题的根源；孩子才乐于听、乐于说，不信，你可以试一试……

## 第51招

# 表扬男孩有学问

## ——目的明确，态度真诚

峰峰画了一幅很漂亮的山水画，他兴致勃勃地跑到妈妈的面前，说："妈妈，看！我画的画！"

"这个……你画得真好！儿子，以后再接再厉，准能当画家。"妈妈笑着说。

"那你觉得我哪里画得好呢？"儿子高兴地问。

"……哪里都好！比妈妈小时候画得好多了。"妈妈看着儿子的画：说实在的，画得的确不好。妈妈不想打击儿子的积极性，却也一时语塞，找不出哪里好！

"妈妈，你骗人，我画得肯定不好看，要不然你怎么说不出来呢？"

"真的很好，你看，我觉得这个小鸟画得就很好！"

"那个才不是小鸟呢，我画的明明是只雄鹰，看来我画的真的不好看，我以后再也不画画了。"说着儿子把图画丢在地上，低着头回房间了。

每个男孩都希望得到家长的赞扬，因为赞扬是对他们努力最好的肯定。同时，夸奖、赞扬也是家长鼓励男孩再接再厉的重要教育方式。得体的赞扬，不但可以使男孩非常高兴，而且还能够增强男孩的自信心；不得体、无目的的夸奖非但不能起到鼓励男孩的作用，反而会如上面故事中所描写的一般，起到反作用，打击男孩的积极性。

因此，家长在夸奖自家男孩的时候，首先应弄清楚自己的男孩因为什么被夸奖，要把夸奖孩子的话说到点子上。

## 给男孩父母的建议（情景再现）

峰峰画了一幅很漂亮的山水画，他兴致勃勃地跑到妈妈的面前，说："妈妈，看！我画的画！"

"儿子，你画得真棒，我想你一定是动了脑筋的。"妈妈笑着说。

"那你觉得我哪里画得好呢？"儿子高兴地问。

"你看这山的线条，你肯定日常比较注意观察山的颜色和线条吧！不过，你能告诉妈妈，这里的树木为什么是蓝色的吗？而那边的小房子为什么通体都是红色的呢？"

峰峰把自己创作时的想法一五一十地告诉了妈妈。虽然妈妈知道，峰峰的想法还很幼稚，画画的水平也不高，但是当峰峰讲完之后，她依然说："你的想法真的很好，我很欣赏你，而且我决定这周末带你去野外爬山踏青，让你感受真正的大自然，怎么样？"

"好啊，好啊！妈妈万岁！那样我一定能够画得更好了！"

"是的，儿子。"

同样的事情，不同的结果，原因就在于这个例子中的妈妈给男孩提出了几个具体的问题，让男孩体会到了妈妈真诚的夸奖。其实，小男孩是很乐意回答家长提出的问题的，他们也希望你在赞扬他的同时，能够听听他创作的想法，因为在男孩心里，他也很注重自己努力的过程。

采用这种方式夸奖男孩是重本质，是在评论男孩为画画所付出的努力。要知道，重本质的夸奖能够起到激励男孩继续奋进的作用，而单纯表面性的赞扬则往往欠缺真实感，容易起到反作用。

男孩在年幼的时候，对自己并不是非常了解，也不知道自己棒在哪里，家长帮他们具体地指出来，就有利于他们了解自己，建立起正确的自我认知。所以说，家长在夸奖男孩的时候一定要有针对性。要知道，夸奖的本意就是为了让男孩明白自己对在哪里、哪些地方做得好，同时让男孩知道什么是不好的、不正确的。

所以，家长在日常生活中夸奖自家男孩某种行为时切忌笼统，而是应当把他的长处与不足切实地指出来。比如，男孩手工做得很好，家长就可以说："你做的东西构思很好，很有创意，美中不足就是不够细心，有些小地方的黏合做得不是很好，这样很容易开胶。如果你下次多注意一下这方面的事情，相信会更好的！"这样，你把男孩在手工上所花费的努力都说出来了，同时也告诉了他美中不足的地方，满足和自信的笑容立刻就会洋溢在男孩的脸上。

人们常说"好孩子是夸出来的"，但所谓"夸"也并非胡夸，而是应当夸在点子上，不能笼统地夸。相信聪明的妈妈们定会夸出一个积极自信的好男孩。

**类似的话父母怎么说**

父母想要表扬男孩时，可以这样说：

"你考了好成绩，这是你每天放学回家后就努力写作业、复习的结果。"

"你球踢得很好，这与你每天早上坚持锻炼是密不可分的，以后要再接再厉哦！"

"这幅画画得真好，线条部分处理得很到位，而且我很喜欢这颜色，只是这里为什么要选择黄色，你可以告诉我吗？"

家长在夸奖男孩的时候，一定要注意方式与方法，要针对男孩的某种好的行为进行夸奖，让男孩明白他因为什么被你夸奖。

**专家教你男孩怎么养**

家长不正当的夸奖都会给男孩带来哪些不良影响呢？

第一，不能促进男孩的成长和进步，毫无意义。

第二，引发男孩的不安与反感，甚至会打击男孩的积极性。

第三，使男孩丧失承受挫折和接受批评的能力。

第 52 招

# 批评男孩有讲究

## ——有节有据最重要

夏末拿着自己的数学考试成绩回来了，一进家门，他的妈妈就问：“考得怎么样啊？”

“还……不是很好，但……我……”夏末想说自己努力了，但是还没等他说完，妈妈就接着说：“好就是好，不好就是不好，哪来那么多借口，把卷子给我看看。”

夏末战战兢兢地把卷子拿给自己的妈妈。

“什么，都不及格，唉，我说你是怎么上学的，我们同事家的儿子和你一般大，人家回回都考满分，你呢？竟然不及格，你让我这脸往哪放啊？”

“呜……”夏末听着妈妈的话，难过地哭了。

“哭什么哭，哭能考好吗？天天跟个女孩子似的，成绩不好，我看你以后干什么去！”

当天晚上，夏末趁着爸爸妈妈都睡着了，背着自己的包离家出走了，还留了一句话：“我真没用，你们就当没生过我吧，我走了！”

孩子成绩不好或犯点错误是难免的，姑息迁就不可取，但对孩子进行太过严厉的批评教育也是同样不可取的。

要知道，所有的家长批评自己的男孩都是出于一个目的：让他越来越好。然而很多家长却忽视了批评教育的尺度，常常不顾及男孩的自尊心，结果批评教育不仅没能发挥其应有的作用，还常常适得其反。

## 给男孩父母的建议（情景再现）

夏末拿着自己的数学考试成绩回来了，一进家门，他的妈妈就问：“考得怎么样啊？”

“还……不是很好，但……我……”

“别着急，慢慢说，就算这次考不好，只要你努力就成。把卷子拿给我看看吧！”

夏末听着妈妈的话，把自己的卷子递了过去。

“看来这次考得的确不是很理想啊，你能自己分析一下没及格的原因吗？”

“考前复习力度不够，再加上做题的时候不够细心……但每天上课我都认真听讲，只是老师讲的一些内容我弄不明白……”

“妈妈相信你好好上课了，但是复习不够认真、做题不够细心却是你的错，对不对？”

夏末不好意思地点点头。

“那下次你要怎么做呢？”

“我一定要好好复习，做题的时候再细心一点！”

“这样就对了。另外，你说你上课的时候会遇到一些不明白的问题，那么，为了让你更好地理解所学的知识，我想应该有必要为你请一个家教老师，补习数学。当然，如果你觉得不需要，我也会尊重你的意见，但前提是，你要确保下次考试至少要考 80 分才成！”

“嗯！其实不需要家教老师，我可以去参加数学课外辅导班。”

每个孩子都是一个个体，他们不仅仅满足于被爱、被保护，他们更渴望得到家长的尊重与理解。显然，这位妈妈的批评方式就非常可取。

那么，具体来说，该如何批评男孩呢？我们再来总结一下：

首先，男孩做错了事情，家长最好在私下里善意地给男孩指出来，这样，男孩更容易接受。

其次，批评还应注意方法。很多家长批评男孩时爱大发雷霆，尤其是心情不好的时候，他们常常不经意地把自己的坏情绪强加到男孩的身上，事实上，这样做是非常错误的，也是很不利于男孩健康成长的。

除此之外，家长批评男孩的时候还应放下架子，把自己同孩子摆在同一位置上，不要让男孩感觉你高高在上。即便是批评男孩的时候，也一定要尊重他们的想法，慢慢地帮他们理清思路，给他们讲一些你的看法；而且，要一次讲清楚，不要没完没了，唠唠叨叨，更要忌讳动不动就翻旧账。

**类似的话父母怎么说**

父母想要批评男孩时，可以这样说：

“你能告诉我你为什么要和同学打架吗？你不知道这是很不好的行为吗？”

“你难道没有看到小区的告示牌上写着不要踢球吗？作为小区的一员，你应该遵守制度，而不是为了自己一时的高兴，就破坏规矩。”

批评男孩是一门艺术，因此，每个做家长的都应该努力去学习、去探讨这门艺术，以便让我们对男孩的批评能起到教育他的作用。正确的批评犹如一双温柔的手，能够温暖男孩的内心。

**专家教你男孩怎么养**

家长应当怎么恰到好处地批评男孩呢？

第一，批评要注意方法。

第二，批评要注意尺度。

第三，批评要放下家长的架子。

第四，批评要与夸奖结合起来。

## 第 53 招

# 激励男孩有策略

## ——恰到好处最重要

麦可在少儿朗诵大赛中荣获了一等奖，回家后，他的妈妈非常高兴，对麦可说："你取得了好成绩，这五百块钱是你的奖励，以后继续努力，你做得越好，奖金就越多。"

从此以后，麦可就把好成绩和荣誉与妈妈的奖金画了等号。

一次，麦可因为没有好好复习，语文成绩考得很不理想。妈妈问他："你怎么考得这么不好，为什么不好好复习？"

"我太累了，大不了我不要你的奖金不就得了。"

"你觉得你现在是在给我学习吗？"妈妈听到儿子这么说，生气地问。

"不知道，反正我努力考好就是为了能够拿奖金，但是前一阵子我忙着学校的阅读比赛，时间太赶，所以就没复习语文。反正我要是取得了阅读大赛的冠军，你还是要给我奖励的，都一样！"

从上面的故事中，家长们一定不难看出，错误的鼓励方式对男孩的消极影响。事实上，鼓励男孩有很多讲究，如果方法不当，是很难达到教育目的的。

### 给男孩父母的建议（情景再现）

麦可在少儿朗诵大赛中荣获了一等奖，回家后，他的妈妈非常高兴，对麦可说：“你取得了好成绩，我给你一个实现愿望的机会好不好？”

“好，什么愿望都可以实现吗？”

“这个嘛，要分情况而定啊！如果是物质上的，就不能超过三百块钱。”

“嗯，我想要妈妈给我买一套足球队服，小伙伴们都有，我也想穿上队服去和他们踢球。”

“好，没问题！而且，为了奖励你的努力，我决定这周末给你放假，你可以不用在家温习功课，可以和小伙伴们一起去球场踢球！”

“太好了，谢谢妈妈！”

从此以后，麦可学习更加努力……

对于正在成长中的男孩来说，家长的鼓励就如同一双无形的翅膀，能够让他们飞得更高更远；如果没有这对翅膀，男孩将永远在地面徘徊，不可能看到远方美丽的风景。每个人的一生中都会遭遇成功与失败，男孩也不例外，作为家长，在孩子取得成功或遭遇失败的时候，应正确地鼓励男孩，带领男孩向更广阔的天空飞翔。

**类似的话父母怎么说**

父母想激励男孩时，可以这样说：

“你很优秀，看，你以前都能把事情做好，现在也不例外，而且你一定能做得更好。”

“你已经努力了，爸爸妈妈也都看到了，换一种方式，也许你就能成功了！”

鼓励对男孩来说就像兴奋剂。量少了起不到作用，量多了会让男孩上瘾。所以，家长们在鼓励男孩的时候，一定要把握好分寸，根据男孩自身的特点合理有效地鼓励男孩。

专家教你男孩怎么养

家长应当怎样恰到好处地鼓励男孩?

第一，鼓励男孩时为男孩设定的目标要现实。

第二，鼓励男孩的话语要具体，不能太空。

第三，鼓励男孩也应看准时机。

第 54 招

# 拒绝男孩有方法

## ——让男孩心服口服

“妈妈，你给我买这个机器人吧，求你了！”男孩站在玩具店里央求道。

“不行，家里已经有很多了。”

“妈妈，你给我买吧！”

“说了不行就不行。”

“你不给我买，我就不走了！”

“那你在这儿待着吧，我自己走了。”说着妈妈就要往外走。

这个时候男孩哇的一声哭了起来，“妈妈你坏，你不爱我了！”

男孩小的时候总会被各种各样的玩具吸引，所以当他们看到自己喜欢的玩具时，无论自己是否已经有了类似的玩具，他们都想得到。于是，大多数家长采取了直接拒绝男孩的方式。

拒绝男孩不合理的要求，这本是正确的，但是拒绝也要讲方法，如果像上面这位妈妈一样直接说“不行”，拒绝理由又不足以让孩子信服，小男孩肯定不会善罢甘休，甚至还会误认为是妈妈不爱自己了，进而产生逆反心理。

### 给男孩父母的建议（情景再现）

“妈妈，你给我买这个机器人吧，求你了！”男孩站在玩具店里央求道。

“咱们家里已经有这款机器人了啊。”

“妈妈，你给我买吧！”

“妈妈前些天看到邻居家的哥哥拿了一款新版的机器人，本来我想着过两天问一下他从哪里买的，再买给你。那款机器人特别的棒，有好多新的功能。我可以给你买这款家里已经有的机器人，不过，你就不能再买那一款机器人了。”

“那款机器人有组装功能吗？”小家伙显然产生了好奇。

“当然了，而且那个小哥哥说，还可以拆开变成很多个小机器人呢！”

“那我要买那个，妈妈你什么时候给我买？”

“等到邻居家的阿姨出差回来，妈妈就去问她，然后就给你买好不好？”

“好！”

生活中，当男孩提出一些不合理的要求时，家长在拒绝男孩的时候，一定要找一个能让男孩信服的理由。例子中的妈妈以给男孩购买另一款更好的机器人为由拒绝了男孩，男孩不但接受了妈妈的拒绝，而且接受得心甘情愿。

**类似的话父母怎么说**

父母在拒绝男孩时，可以这样说：

“这个东西真的很好，但是妈妈（爸爸）现在不能买给你，因为……”

“买这个东西会花费很多钱，如果你买了这个东西，我们接下来的一个月里，可能都没钱买肉了……”

男孩小的时候虽然会向家长提很多要求，但是只要家长采取正确的拒绝方法，男孩们不会无理取闹的，而且大都能够坦然地接受家长的拒绝。

## 专家教你男孩怎么养

家长应当如何拒绝男孩的无理要求?

第一,拒绝男孩的理由要合理。

第二,拒绝男孩的时候应讲清楚拒绝的理由。

第三,不要责怪男孩的无理要求。

第55招

# 关爱男孩有学问
## ——找到男孩的需求点

“儿子，把这个拿上，把那个装上……”儿子准备参加学校组织的夏令营，妈妈正忙着帮他收拾东西。

“妈妈，你别忙活了，我们老师说了，这些东西都不让带，再说我是去锻炼的！”

“什么？不让带！你们老师不是我，他当然不会像我这样关心你，这些东西对你都有用。”

“别的同学都没带这么多东西，你给我带上，我会被人笑话的！”

“你这孩子，怎么不知道好坏呢？我关心你，你倒埋怨起我来了，行，你都拿出来，一样也别带，到时候没的用也是你活该。”

“不带就不带！”男孩说着把所有的东西都倒了出来，一样也没拿，这其中也包括一些必备品，结果整个夏令营期间男孩都在抱怨自己的妈妈不好，说要不是她，自己也不可能忘记带必备的东西……

男孩大了，难免会有自己的主意。这个时候，家长不能只从自己的主观意愿出发，用自己的思维和意识去左右男孩的生活和学习，而应主动去了解男孩的所思所想。

### 给男孩父母的建议（情景再现）

“儿子，把这个拿上，把那个装上……”儿子准备参加学校组织的夏令营，妈妈正忙着帮他收拾东西。

“妈妈，你别忙活了，我们老师说了，这些东西都不让带，再说我是去锻炼的！”

“这样啊，那么，你觉得应该带什么呢？我们重新装一遍吧。”

“好的！手电筒要带上，这个小毯子需要吗？”

“你去参加户外训练营，我觉得你应该带上，而且这个小毯子也占不了多大地方，你觉得呢？”

“嗯，那就带上吧，万一那里没有被子我还可以盖。妈妈，那我要不要带上过生日的时候爸爸送我的瑞士军刀呢？”

“也可以，毕竟是在野外参加训练，但是你一定要注意安全，知道吗？别伤到别人！”

“嗯，我知道！”

就这样，妈妈和儿子一起商量着该带什么不该带什么。到了训练基地，男孩带了几乎所有要用到的东西，很多同学都羡慕他要什么就有什么，夸他有远见，他非常高兴！

家长们千万别以为男孩小，不会表达自己的需要，要知道，再小的男孩也有自己的想法，家长应当多站在男孩的角度去看问题、想问题、解决问题，那么男孩便会真正向你敞开内心，接受你的关爱。

**类似的话父母怎么说**

父母在关爱男孩时，可以这样说：

“那我们一起来商量一下该怎么办，好吗？”

“你能告诉妈妈（爸爸），你打算怎么处理这个问题吗？”

所以，家长应当重视男孩的想法，并且和他们一起讨论，他们为什么要这么做；在讨论中，家长可以适时对男孩错误的想法加以正确引导，对男孩正确的想法予以适当的鼓励。

**专家教你男孩怎么养**

家长应当如何正确地关爱自己的男孩？

第一，不要单方面地关爱男孩，应当了解男孩需要什么。

第二，多倾听男孩内心的想法。

第三，多站在男孩的角度上去思考问题。

第 56 招

# 要求男孩有策略

## ——循序渐进才有效果

“你的数学测试考了多少分？”妈妈看到儿子回来后，马上询问。

“我考了 85 分，但是我班里上 80 分的一共才 7 个人，这次的卷子很难……”

“你怎么总是爱给自己找借口，考大学的时候，人家可不管题难不难，就看分数。你说说你每天都学什么了，给你买这么多资料，现在连 90 分都没上……”

听着妈妈的数落，男孩一肚子委屈，干脆哭了起来。

从那以后，男孩的成绩越来越差。在他看来，他永远也达不到妈妈的要求，既然这样，那他再怎么努力也是没用的。

家长在要求男孩的时候，常常提出一些男孩短时间内无法完成或不符合男孩实际情况的要求，就如上文中的故事一般。过高的要求和不理解的指责，只能打击男孩的积极性，让男孩产生“破罐子破摔”的念头。那么生活中，家长应当如何给自己的男孩提要求呢？

首先，给男孩提出来的要求一定要合情合理，符合男孩的生理特点及实际情况。

其次，对男孩的要求一定要具体，不能太过笼统，因为男孩还小，理解能力不及大人，很多时候不能清楚地理解家长的意思。

最后，给男孩提要求一定要循序渐进，千万别想着一步登天。

## 给男孩父母的建议（情景再现）

“你的数学测试考了多少分？”妈妈看到儿子回来后，马上询问。

“我考了 85 分，但是我班里上 80 分的一共才 7 个人，这次的卷子很难……”

“没关系儿子，下次再接再厉吧，虽然你没能达到妈妈的预期要求，但正如你所述，卷子可能太难了。不过你也要知道，卷子难是一方面，高考的时候可都是靠分数说话的，你今后还要再接再厉，知道吗？”

“我知道了，我会更加努力的。”

“嗯，下次啊，你就争取考上 90 分，好吗？”

“嗯，我一定能的！”

同样的事情会产生两种不同的结果，就是因为这个妈妈选择了去理解男孩、体谅男孩，并提出符合男孩实际情况、循序渐进的要求，同时，还不忘鼓励男孩再接再厉。这样一来，男孩必然会全力以赴完成妈妈提出的要求。

**类似的话父母怎么说**

父母在要求男孩时，可以这样说：

“儿子，这次做错了是你不对，能告诉妈妈（爸爸）下次该怎么做吗？”

“儿子，这次考不好是你太粗心了，相信你下次肯定能考好的！”

的确，家长对男孩提要求时，一定要在尊重男孩天性与情感的基础上，合理地对男孩提出具体的要求，只有这样，才能让男孩接受，并真正努力地按照家长提出的要求去做。

**专家教你男孩怎么养**

生活中，家长应当如何为自己的男孩提要求?

第一，家长提出的要求一定要符合男孩自身的实际情况。

第二，家长给男孩提要求时应循序渐进，不能一步登天。

第三，家长在给男孩提要求时，也应尊重男孩对家长提出的要求。

第四，家长对男孩提出的要求应明确、具体，不能笼统、含糊。

## 第 57 招

# 开导男孩有妙招

## ——父母的耐心很重要

小夫今年7岁了，在家长的眼里，他和别的男孩子不大一样。在家里，他爱唱歌跳舞，也很喜欢在亲戚朋友面前表现自己，家人都很喜欢他。可一到学校，小夫就像是换了一个人似的，变得非常内向、孤僻，从不主动找小朋友玩，也不愿和别人交谈。每次小夫的妈妈和老师劝他和其他小朋友一起玩耍的时候，他总是摇头。

一次，小夫学校组织校外露营活动。小夫回家后对妈妈说："学校要组织露营，但是我不想去！"

"傻孩子，那么多小朋友一起，多好啊！以前我们上学那会儿都没这么好的条件，你一定得去！"

"我不喜欢和他们玩，我不想去，老师说了，只要家长给请假就可以不去！"

"但是我认为你有必要去，而且必须去。你总是在外人面前这么内向，以后长大了步入社会，你要怎么办呢？"

"我说了不想去！"小夫不高兴地说。

"我说你这孩子怎么这么固执呢？"妈妈也不高兴了。

"总之我就是不去！再说明天我最爱看的动画片只剩最后一集了，我要在家里看电视！"小夫说完就跑回自己的房间了。

妈妈追着小夫来到他的房间里，说："明天你去也得去，不去也得去，我是不会给你请假的！”

“不去……呜……”说着小夫大声哭了起来。

随着年龄的增长，男孩的主张会越来越多，有时家长觉得很高兴，“孩子会独立思考了，不错啊”；有时家长也感到了不小的负担，因为男孩的主张不一定是正确的，而如果男孩强烈坚持自己的主张，家长就变得无可奈何：“你这个孩子怎么这么固执呢？”

实际上，当父母遭遇男孩的固执时，首先应分析男孩固执己见的原因，并加以正确的引导，切忌直接指责男孩，因为指责只会使男孩更加坚持己见。家长应主动与男孩沟通，从侧面了解导致男孩不合理想法或行为的原因，对症下药，对男孩的行为进行正确的指导。

## 给男孩父母的建议（情景再现）

一次，小夫学校组织校外露营活动，小夫回家后对妈妈说：“学校要组织露营，但是我不想去！”

“傻孩子，那么多小朋友一起，多好啊，以前我们上学那会儿都没这么好的条件，你一定得去！”

“我不喜欢和他们玩，我不想去，老师说了，只要家长给请假就可以不去！”

“你真的不想去吗？也好，不过你要跟妈妈说说你不去的原因，可以吗？”

“就是不想去……”

“是吗？为什么妈妈觉得不是那样呢？小夫，妈妈也是从你这么大过来的，所以很多事情妈妈也经历过，你不妨和妈妈说说啊！”

“我感觉大家都不喜欢和我玩！”小夫低着头说。

“怎么可能呢？我们家小夫这么优秀，大家都喜欢和你玩。”

“可是，我一个朋友也没有。”

"傻孩子，朋友不是凭空就有的，是要自己去争取的，你知道为什么妈妈总是让你多和小朋友说说话吗？这其实就是交朋友的过程啊，小夫是个很招人喜欢的男孩，只要你主动一点，所有人都会成为你的朋友的。"

"是这样吗？"

"当然，你要相信妈妈，呵呵，要大胆地和小朋友们说话、玩耍，很快你就会有自己的朋友了。我听说，学校的露营活动是收获朋友最好的机会，那你要不要去试试呢？"

"嗯，可是明天有我最爱动画片的大结局！"

"这个嘛，你大可放心，爸爸会给你录下来的，另外，如果学校允许，妈妈陪你一起去，帮你去找好朋友，好不好？"

"好啊，好啊！"

第二天，妈妈带着小夫去了露营地，妈妈不断地鼓励小夫去找小朋友一起玩耍。在妈妈的鼓励下，小夫终于和大家玩到了一起，还为大家表演了一小段舞蹈！

这位妈妈的做法就非常好，她有效地激起了孩子对露营的兴趣。生活中，我们还可以利用其他方法开导自己的儿子，比如你可以适当地运用电影、电视、广播、报纸、杂志等媒体的正面信息来教育孩子，如果运用得当，也可以收到事半功倍的效果；你也可以通过英雄人物来教育孩子，从小培养孩子的远大抱负。

总之，父母要善于捕捉教育孩子的每个有利时机，及时启发引导。当然，这需要你有足够的耐心。

**类似的话父母怎么说**

父母开导男孩时，可以这样说：

"我也觉得你想要的这件玩具很棒，但是妈妈（爸爸）现在没带那么多钱，咱们下次买好吗？"

"睡觉的时间到了，即便现在睡不着，你也不能坐在沙发上看电视了，你可以在床上躺着听音乐。"

随着男孩年龄的增长，固执的性格会逐渐变得平和，自信和学习事物的能力也会逐渐增强，此时，只要家长引导得当，固执的男孩会具备坚韧不拔的品格，进而得到周围人的尊重、认可。

### 专家教你男孩怎么养

生活中，父母应当如何开导自己的男孩？

第一，找出男孩"不喜欢"去做某事的真正原因。

第二，分担男孩的痛苦，帮助孩子摆脱"没有自信"等一些心理阴影。

第三，注意改变自己的管理方式，提高家教的技巧。